貴堂嘉之
Yoshiyuki Kido

南北戦争の時代

19世紀

シリーズ　アメリカ合衆国史②

岩波新書
1771

目　次

目　次

19 世紀南北アメリカ大陸諸国の独立と奴隷解放

はじめに

本書の時代区分と歴史空間

本書は、全四巻からなるシリーズ『アメリカ合衆国史』の第二巻として、主に一八一二年戦争以降の一九世紀史を扱う。アメリカ史の時代区分でいえば、①一八二〇―三〇年代「市場革命の時代」「ジャクソン大統領の時代」、②一八四〇年代―六〇年の南北戦争《アンテベラム》前期、③一八六一―六五年の南北戦争期、④一八六五年以後の南北戦争《ポストベラム》後期（「再建の時代」「金ぴか時代」）となる。大統領の任期でいえば、第五代ジェイムズ・モンロー（任期一八一七―二五年）から、第二五代ウィリアム・マッキンリー（任期一八九七―一九〇一年）までの二一代、二〇人を扱うこととなる。政治史上は、連邦派と共和派を軸にした第一次政党制（一七九二―一八二四年）が終焉を迎え、庶民《コモン・マン》出身の大統領アンドリュー・ジャクソンの当選とともに、民主党とホイッグ党という二大政党による第二次政党制（一八二八―五四年）が始まった時期。さらに、奴隷制問題が混迷を深める中、一九世紀半ばに政党再編が行われ、共和党の誕生以降、共和党と民主党という二大政党による第三次政党制（一八五四年から現在まで）が展開される一九世紀末までを扱う。

この時代区分からわかるとおり、南北戦争は合衆国史における最も大きな分水嶺として位置づけられ、建国来、その歴史は南北戦争に向けて流れ、南北戦争からすべてが流れ出したとも言われてきた。本書では一九世紀をあらためて「南北戦争の世紀」と捉え、未曾有の内戦がもたらしたアメリカ社会の統合と分断、奴隷国家から移民国家への大転換を描く。

これまで一九世紀の合衆国というと、広大な大西洋という「無償の安全保障」のおかげで、孤立主義を享受しつつ、ひたすら国内の西部開拓、経済開発を推進し、大陸国家へと発展を遂げていく、いわゆる「フロンティア学説」にもとづく一国史モデルで描かれてきた。

だが、第一巻で研究視角の柱となった大西洋史《アトランティック・ヒストリー》――大西洋を介した北米・南米・ヨーロッパ・アフリカの四大陸の相互連関に着目した歴史――のアプローチと同じく、一九世紀史もまた、世界史的なコンテクストで歴史像の塗りかえが進んでいる。奴隷や綿花といった世界商品をめぐるグローバル・ヒストリーやグローバル資本主義の歴史は、南部と北部、そしてイギリスの綿工業などとの緊密な国際分業システムを明らかにし、国内南部完結型の奴隷史の書き換えを迫っている。

また、人の移動をめぐる歴史学では大西洋のみならず、太平洋世界の人流までを視野にいれ、不自由な人流(奴隷や苦力《クーリー》など)と、自由な人流(移民)の相互連関を検証する、人の移動のグローバル・ヒストリーの試みも始まっている。本書で提示される「奴隷国家」から「移民国家」へという歴史転換を含め、より詳しく知るためには、私の『移民国家アメリカの歴史』(岩波新書、二〇一八年)を併せて読まれることをお勧めする。

ルイジアナ購入で国土を二倍にし、その後も領土を「購入」することで拡大し続けたアメリカ人は、フロンティアを所有者のいない「無主の地」と定めることで、その領土拡大に自由とデモクラシーの拡大をみた。しかし、この皇帝や国王のいない「自由の帝国」の形成過程は、大陸国家として近代国民国家を形成する過程(nation-state building)であると同時に、紛れもない「帝国」としてのアメリカ形成(empire-building)の過程であったことを忘れてはならないだろう。戦争を通じて領土を奪うヨーロッパ型の膨張とは異なり、アメリカは「戦争なき征服」を「明白な運命《マニフェスト・デスティニー》」により定められているものとみなしたのだが、この膨張の過程で殺戮され生活空間を奪われた先住民からすれば、それは暴力であり入植者植民地主義《セトラー・コロニアリズム》に他ならなかった。

一九世紀合衆国史を理解する上での課題をもう一つあげるとすれば、それは小さな新興共和国が領土拡大により広大な大陸国家へと変貌を遂げていくその空間的広がりの感覚をつかむことである。

第一章で詳述するように、一九世紀前半のアメリカ社会は、道路や運河、鉄道などの交通・運輸手段が劇的に発達する「交通革命」を経験した。さらにゴールド・ラッシュを契機にその動きは加速し、交通網の新規開拓、拡張は、パナマ地峡鉄道(のちにパナマ運河)や大陸横断鉄道とともに、世界のヒト・モノ・カネの流通を変えた。大陸横断鉄道と同年に開通したスエズ運河の完成を含め、これらが前近代の時代と空間を抹殺し、ヨーロッパ・アメリカ・アジアの空間を時間感覚ごと新しくしていったのである。一八七三年にフランス人作家ジュール・ヴェルヌが発表した『八〇日間世界一周』は、これらの完成抜きにはありえなかった。イギリスのトマス・クック社が世界一周観光ツアーを企画できる時代が始まり、アメリカでも一八八〇年代には東海岸の人々が西部の大自然を訪れ、サンフランシスコでは覗き見趣味的にチャイナタウンを訪れるスラミング(スラムを訪れるツアー)観光が本格化した。

では、本論に入る前に、一九世紀アメリカを世界の同時代人がどのように眼差していたのかを概観し、世界史上のアメリカ社会の布置をあらかじめ確認しておこう。彼らが書き残したアメリカの諸相――デモクラシーの実験、南北戦争と奴隷解放の世界史的意義、近代化と交通革命――は、本論においても重要な論点となる。以下、水先案内人として登場するのは、順番にアレクシ・ド・トクヴィル(一八〇五―五九)、カール・マルクス(一八一八―八三)、日本の岩倉使節団(一八七一―七二年にアメリカ視察)である。

デモクラシーの実験場――トクヴィルのみたアメリカ

最初の同時代人は、一八三一年にフランスからやってきて九カ月間のアメリカ滞在をもとに、

『アメリカのデモクラシー』(第一巻一八三五年、第二巻一八四〇年)を書き残した、ヴェルサイユの判事修習生アレクシ・ド・トクヴィルである。彼は友人と二人で、馬車と蒸気船を使って、当時の二四州のうち全部で一七州を訪れ、何百人ものアメリカ人に話を聞いた。そして、瞬く間に古典的名著となった本の序文を「合衆国に滞在中、注意を惹かれた新奇な事物の中でも、境遇の平等ほど私の目を驚かせたものはなかった」という文章で書き始めたのである。

　トクヴィルが訪れたアメリカは、建国から半世紀ほどが経ち、白人男子の普通選挙が実施され始め、初の西部出身の大衆的な大統領、アンドリュー・ジャクソンが誕生した時代であった。やがてリンカンがゲティスバーグで語ることになる「人民の人民による人民のための政治」、すなわち、「デモクラシー」が作られる途上のアメリカをトクヴィルは微視的な観察眼で眼差し、その驚きを記述したのだ。

図 **0-1**　トクヴィル『アメリカのデモクラシー』第1巻(1835年)

　民衆の多数の意思を支配原理とする「デモクラシー」は、当時、ヨーロッパでは過激で危険な響きを持つ言葉だった。革命後のフランスでも、それは暴徒支配を連想させるものとして悪評を買っていた。貴族出身のトクヴィルの親族の多くは革命でギロチンにかけられていたし、その後、フランスでは目まぐるしく、世襲王制、民主制、独裁制、と不安定な政治情勢が続いた。

トクヴィルは母国フランスとの比較により、ほぼ同時期に市民革命を経験した米仏で、アメリカは比較的安定した社会を維持しているのに対して、フランスが革命と反革命の激動を繰り返す根本的な理由を突き止めようとした。人類初のデモクラシーの実験場たるアメリカの政治を観察し、欠点を見出しつつも、トクヴィルは民主主義の進展(地位の平等化)を時代の趨勢として認め、人民が国を統治することは可能だと考え始めた。やがてこのデモクラシーの実験に魅了されていった彼は、タウンシップにおける自治や国に依存しない独立の精神を賞賛し、一般市民が裁判に参加する陪審制度を評価した。

この後、アメリカの政治はエリートたる名望家が担うべきか、あるいは庶民に支えられた職業政治家が担うべきかという論争が世紀末まで繰り返されていく。いずれにせよ、ヨーロッパからみて「アメリカはまったく新しい国」と映るほど、最先端の平等主義、個人主義が根づいた国だったことは知っておいてよい。デモクラシーがアメリカ社会に肯定的に受容され始めたと判断し、現在の民主党が党名変更したのは、トクヴィル渡米の翌年、一八三二年のことであった。

世界が注目した南北戦争――カール・マルクスのみたアメリカ

二人目に登場する同時代人は、ドイツのプロイセン出身の哲学者、思想家、カール・マルクスである。彼が一八四五年に、「北米移住のため」、具体的にはテキサスへの移住を真剣に考え、プロイセン国籍を離脱し、無国籍者になったことはあまり知られていないかもしれない。その後も、マルクスは、一九世紀アメリカと奇妙な関係を長らく取り結ぶことになった。四八《フォーティー・》年組《エイターズ》と呼ばれるドイツ系移民のアメリカ大量流入は、この国籍離脱の数年後のことである。彼らが移り住んだミシガン、イリノイ、ウィスコンシンの中西部は、第四章で詳述するように、世紀末に労働運動の一大拠点になっていく。

図 **0–2**　カール・マルクス（1818–83 年）

のちにロンドンに移住したマルクスがアメリカへ肩入れした最大の要因は、ヨーロッパ系移民労働者受入奨励策の一つであるホームステッド法案の存在であった。新しく誕生した共和党の綱領にある「自由な土地、自由な労働、自由な人間」というスローガンは、奴隷制拡大に反対するテーゼであったが、マルクスにおいても労働者階級が解放されるための正しい第一歩として受けとめられていた。

南北戦争は、同胞同士が殺し合った血みどろの内戦であり、その戦争がアメリカ史にもたらした影響は計り知れない。しかし、南北戦争を特別な戦争とみなしたのは、決してアメリカ人だけではなかった。世界中が、この戦争に注目し、大西洋を挟んだヨーロッパからも熱視線が注がれていたのだ。南部綿花のグローバルなサプライチェーンの一角をなしたリヴァプールの綿花商人・製造業者然り、戦争の勝敗はグローバル経済の今後を決める重大事であった。

だが、マルクスは全く違う視点から、南北戦争の戦況を見守っていた。この戦争で奴隷解放が達成されるか否かを、ヨーロッパにて劣悪な労働環境で働く労働者階級の地位改善の問題と結びつけて捉えていた。同時代的には、一八六一年にロシアの農奴解放があり、イギリスでは一八六七年と八四年の選挙法改正で段階的に、労働者への選挙権付与がなされていく時代である。

世界史のなかの南北戦争とは、黒人奴隷の全世界的な解放史の文脈以外に、ヨーロッパの労働者階級の解放史の文脈ともつながっていることを押さえておきたい。以下は、奴隷解放宣言を布告した後、再選を果たしたリンカン大統領に対して、マルクスが再選を祝うため送ったメッセージである。

拝啓

私たちは、あなたが大多数で再選されたことについて、アメリカ人民にお祝いを述べます。奴隷所有者の権力にたいする抵抗ということが、あなたの最初の選挙の控えめのスローガンであったとすると、奴隷制に死を、があなたの再選の勝利に輝く標語です。

アメリカの巨大な闘争の当初から、ヨーロッパの労働者たちは、彼らの階級の運命が星条旗に託されていることを、本能的に感じていました。あの凄惨をきわめた大叙事詩のはじまりとなった諸准州をめぐる闘争は、広漠たる処女地を、移住民の労働と結ばせるか、それとも奴隷監督の足下にけがさせるか、を決定すべきものではなかったでしょうか？

三〇万の奴隷所有者の寡頭支配が、世界の歴史上にはじめて、武装反乱の旗印に奴隷制ということばを書くことをあえてしたとき、まだ一世紀もたたぬ昔に一つの偉大な民主共和国の思想がはじめて生まれた土地、そこから最初の人権宣言〔独立宣言のこと〕が発せられ、一八世紀のヨーロッパの革命に最初の衝激があたえられたほかならぬその土地で、その同じ土地で反革命が系統的な徹底さをもって、「旧憲法の成立の時期に支配していた思想」を廃棄する、と得意になって吹聴し、「奴隷制こそ有益な制度であり」、それどころか、「労働と資本の関係」という大問題の唯一の解決策であると主張し、そして人間を所有する権利を「新しい建物の礎石」と厚顔にも宣言したとき、そのときただちにヨーロッパの労働者階級は、南部連合派の郷紳《ジェントリ》にたいする上流階級の狂熱的な支持によって不吉な警告をうけるよりもなお早く、奴隷所有者の反乱が、労働にたいする所有の全般的な神聖十字軍への早鐘をうちならすものであり、労働する人々にとっては、未来にたいする彼らの希望のほかに、彼らが過去にかちえたものまでが、大西洋の彼岸でのこの巨大な闘争において危うくされているのだということを理解しました。だからこそ彼らはいたるところで、綿業恐慌が彼らにおわせた困苦を辛抱づよく耐えしのび、彼らの目上の人々がしつこく迫った奴隷制支持の干渉にたいして熱狂的に反対し、またヨーロッパの大部分の地域からこのよき事業のために彼らの応分の血税を払ったのであります。

北部における真の政治的権力者である労働者たちは、奴隷制が彼ら自身の共和国をけがすのを許していたあいだは、また彼らが、自分の同意なしに主人に所有されたり売られたりしていた黒人にくらべて、みずから自分を売り、みずから自己の主人を選ぶことが白人労働者の最高の特権であると得意になっていたあいだは――彼らは真の労働の自由を獲得することもできなかったし、あるいは、ヨーロッパの兄弟たちの解放闘争を援助することもできなかったのであります。しかし、進歩にたいするこの障害は、内戦の血の海によって押し流されてしまいました。

ヨーロッパの労働者は、アメリカの独立戦争が、中間階級〔ブルジョアジー〕の権力を伸張する新しい時代をひらいたように、アメリカの奴隷制反対戦争が労働者階級の権力を伸張する新しい時代をひらくであろうと確信しています。彼らは労働者階級の誠実な息子、エーブラハム・リンカンが、鎖につながれた種族を救出し、社会的世界を改造する比類のない闘争をつうじて、祖国をみちびいていく運命をになったことこそ、来たるべき時代の予兆であると考えています。

国際労働者協会中央評議会を代表して署名

〔略〕ドイツ担当通信書記カール・マルクス〔略〕

〔一八六四年一一月二二―二九日執筆。一八六五年一月七日『ビー・ハイヴ』に掲載〕

（『マルクス＝エンゲルス全集』第一六巻、一六―一八頁）

近代化のモデル――岩倉使節団のみたアメリカ

最後に日本からの眼差しについてもふれておこう。

第一巻の「刊行にあたって」で述べた通り、一九世紀中葉の黒船来航から二一世紀の現在に至るまで、日本人はアメリカ合衆国の動静に特別の眼差しを向けてきた。日本語の「合衆国」という名称は一八四〇年代に成立したとされるが、その由来は一八四四年に米清間で締結された望厦《ぼうか》条約とされている。訳語「合衆」には、すでに「共和」や「民主」の含意が込められていた。「南北戦争」という名称も、中国や日本独特の呼称なのだが、これは両国に共通する南北朝的な、つまり、王権が分裂し二つの朝廷が併存する政治状況の経験に裏付けされたものと考えられる。

幕末の開国後、横浜や神戸などの開港地には欧米人がやってくるようになり、鎖国下で禁じられていた海外渡航は一八六六年に解禁され、日本人の海外移住にも道が開かれた。ハワイに渡った「元年者」やアメリカ本土に渡った若松コロニーの一行が最初期の移民である。

幕末維新期には、幕府や明治政府関係者も多く渡米している。たとえば、江戸幕府が日米修好通商条約の批准書交換のために派遣した万延元年遣米使節団はサンフランシスコからパナマに渡り、パナマ地峡鉄道を経由して、ワシントンに向かった(一八六〇年)。

岩倉具視を特命全権大使とし、木戸孝允、大久保利通、伊藤博文など、明治新政府を担う大臣らで欧米を見聞して回った岩倉使節団も、南北戦争後のアメリカ社会をつぶさに観察した、最初期の渡米者である。彼らはアメリカの交通革命、産業化・工業化に驚き、アメリカを日本近代化のモデルと考え詳細な情報を書き留めた。使節団の日誌『米欧回覧実記』(久米邦武編著)は、ポストベラム期のアメリカ社会を活写した貴重な歴史史料である。日米の近代国民国家形成は、ほぼ同時期の明治維新と南北戦争を契機に本格化したのであり、岩倉使節団が南北戦争後のアメリカ政治や社会の何を学び、何を反面教師としたのかを問うことは、日本の近代化のかたちを考慮する上でも、また一九世紀のアメリカ社会を理解する上でも重要だろう。

彼らは、明治四年(一八七一)一一月一二日(陰暦)に、太平洋郵便汽船のアメリカ号に上船して横浜を出帆、同年一二月六日にサンフランシスコに入港した。そこでの二週間余りの滞在で、彼らは紡績工場や造船所、鉱山施設、女子教育機関、競馬場、盲聾唖学校などを精力的に見学

図 0-3 『米欧回覧実記』より，リー将軍旧宅(上)とアーリントン墓地(下)

した。その後、完成したばかりの大陸横断鉄道を使い、鉄道の旅を始め、ネバダやユタを経由して、シカゴへと入る。トクヴィルの合衆国滞在記でもそうだが、交通革命後のアメリカの水路交通、道路網に関する詳細な観察記録が残されている。

シカゴから首都ワシントンへと入り、造幣局や郵政省、農業省、特許局など官庁組織を視察して回る一方、アーリントン墓地を訪れたり、黒人学校を訪ね、奴隷制度の存廃の歴史に学ぶのであった。首都ワシントンを後に、彼らは北部巡覧の旅にでて、フィラデルフィアやニューヨーク、ボストンを訪れる。岩倉使節団は、結局、九カ月もの長期間をかけてアメリカを学び、次の目的地イギリスへと旅立っていった。

第一章　西漸運動の展開
――「西半球の帝国」へ

ミシシッピ州の綿花プランテーション．南北戦争後の作品(1884年)で，黒人奴隷のいた農村風景をノスタルジックに描いている

1 西漸運動の展開と市場革命

転機としての一八一二年戦争

一八一二年戦争は、和平交渉の末、一八一四年一二月にガン条約が結ばれ終結した。戦争は、好戦派の思惑通りには進まず、イギリス領カナダへの侵攻は成功しなかった。それどころか、首都ワシントンの大統領官邸や連邦議会がイギリス軍に焼き討ちにあうなど、大きな被害を出す結果となった。

だが、一八一二年戦争がその後のアメリカ政治・社会に与えた影響は大きく、一九世紀合衆国史において大きな転機をなす戦争となったことは間違いない。合衆国はつねに戦争により歴史のリズムが刻まれる国である。

一八一二年戦争の影響として、まず重要なのは、新共和国アメリカが再度その独立を確認され、アメリカ人としてのナショナリズムが高揚したことだった。第一巻で述べられたように、フランシス・スコット・キー作詞の「星条旗」が人気を博したことはその証左であるし、この戦争が「第二次独立戦争」と呼ばれるのはそれゆえである。戦争によりイギリス製品の輸入が止まり、繊維など国内の製造業が成長し、大西洋岸の北部で産業革命がおこる契機ともなった。

政治史においては、ニューイングランド諸州が民兵の派遣を見合わせるなど、戦争協力を拒み反戦的立場を取ったことが、戦後になって反発を招き、その地を勢力地盤としていた連邦派(フェデラリスト党)が力を失った点があげられる。これにより連邦派と共和派(リパブリカン党)の対立を軸にした第一次政党制は終焉に向かい、以後は、ナショナリズムの気運にも乗って、共和派の政権下で、際だった党派対立のない「好感情の時代」が出現した。

奴隷国家アメリカと環大西洋世界

さらに、一八一二年戦争の影響を国際政治やグローバル・ヒストリーの観点からみて、より決定的に重要だったのは、この時期に国際的な奴隷貿易廃止キャンペーンに取り組み始めたイギリスと一戦を交えて距離を取ったことで、アメリカ合衆国の南北戦争に至るまでの連邦政治が、奴隷制を温存する方向で道筋が付けられたことだろう。

イギリス商人は、一五世紀末から一九世紀初頭までの三〇〇年間、大西洋を渡った奴隷総数の三分の一にあたる三七五万人余りの奴隷取引に関わったとされ、まさに奴隷貿易の主役であった。だが、アメリカ一三植民地の喪失という歴史経験を経て、イギリス帝国は大きく変貌し、一九世紀初めに成立した第二帝国では、西インド諸島からインド・中国へと植民地支配の中心を移し、奴隷を「救出し、解放する慈悲深き帝国」という新しいアイデンティティを育み、奴隷貿易の取り締まり活動を通じて、世界にそれを見せつけた。この「自由」の擁護者としての立場が、帝国形成における道徳的優位を演出するようになっていった。フランス革命とナポレオン戦争によって生じた混乱を収拾し、ヨーロッパに新しい政治秩序を打ち立てるためのウィーン会議(一八一四―一五年)でも、イギリスは「人道主義と普遍的な道徳に反する」奴隷貿易の廃止条項を議定書に盛り込むことを主張したのである。

欧米諸国が近代国民国家を形成した「長い一九世紀」(フランス革命が始まった一七八九年から第一次世界大戦まで)の環大西洋世界では、自由と不自由が共存していた。近代世界というと、「自由」一色に塗り固められた世界を思い描いてしまうが、移民の自由な人流とともに、世界商品としての「黒人奴隷」は依然として盛んに取引されていた。黒人奴隷貿易統計によれば、一七七六年から一八七五年の期間の取引合計は五八八万人であり、奴隷取引総数の四七%となる。つまり、奴隷取引の約半数は、「長い一九世紀」=近代のものであるのだ。

巻頭地図が示すように、アメリカ独立革命とフランス革命の影響を受けて、一九世紀前半にラテンアメリカ諸国が次々に独立を達成した。これら合衆国の「姉妹共和国」も、独立とともに奴隷制を廃止するには至らず(地図中の独立年の下が奴隷制廃止年)、南北アメリカ大陸で最後に奴隷制が廃止されるブラジルの一八八八年まで、奴隷制は温存された。この地域における奴隷解放では有償方式の漸次的解放が目指され、各国政府は世界商品の生産継続と奴隷制廃止による労働力補塡のため、アジアからの契約労働者、中国人苦力《クーリー》を導入した。

他方、図1-1のように、一八世紀末の奴隷反乱から、一八〇四年に世界初の黒人共和国としてハイチが独立して以降、合衆国南部、カリブ海域、南米では奴隷反乱が多発していた。このように、一九世紀の南北アメリカ大陸は、奴隷制の存廃をめぐる過渡期にあり、この国際的な緊迫感を抜きに、一九世紀合衆国史を理解することはできない。この地域では、奴隷貿易が廃止され、奴隷解放が漸次的に達成されるなか、「不自由労働」から「自由労働」へと不均等に移行していく時代が「近代」なのである。

南北戦争前期《アンテベラム》の合衆国の政治は、北部と南部、西部という三つの地域《セクション》間の対立の図式から描かれることが多い。その基本構図は認めつつ、本巻ではこの時代のアメリカ史像を「奴隷国家」として規定する。近年の研究史上、アンテベラム期の合衆国を「奴隷主国家」「奴隷所有共和国」と呼ぶ研究が登場しているが、本巻ではそれをより簡潔に「奴隷国家」と呼ぶことにする。

「奴隷国家」では、親奴隷制の連邦政治が南部奴隷主の政治家たちによって担われた。彼らは、南北戦争勃発まで、権力の中枢にあったのである。建国後の大統領が半世紀の間、第二代

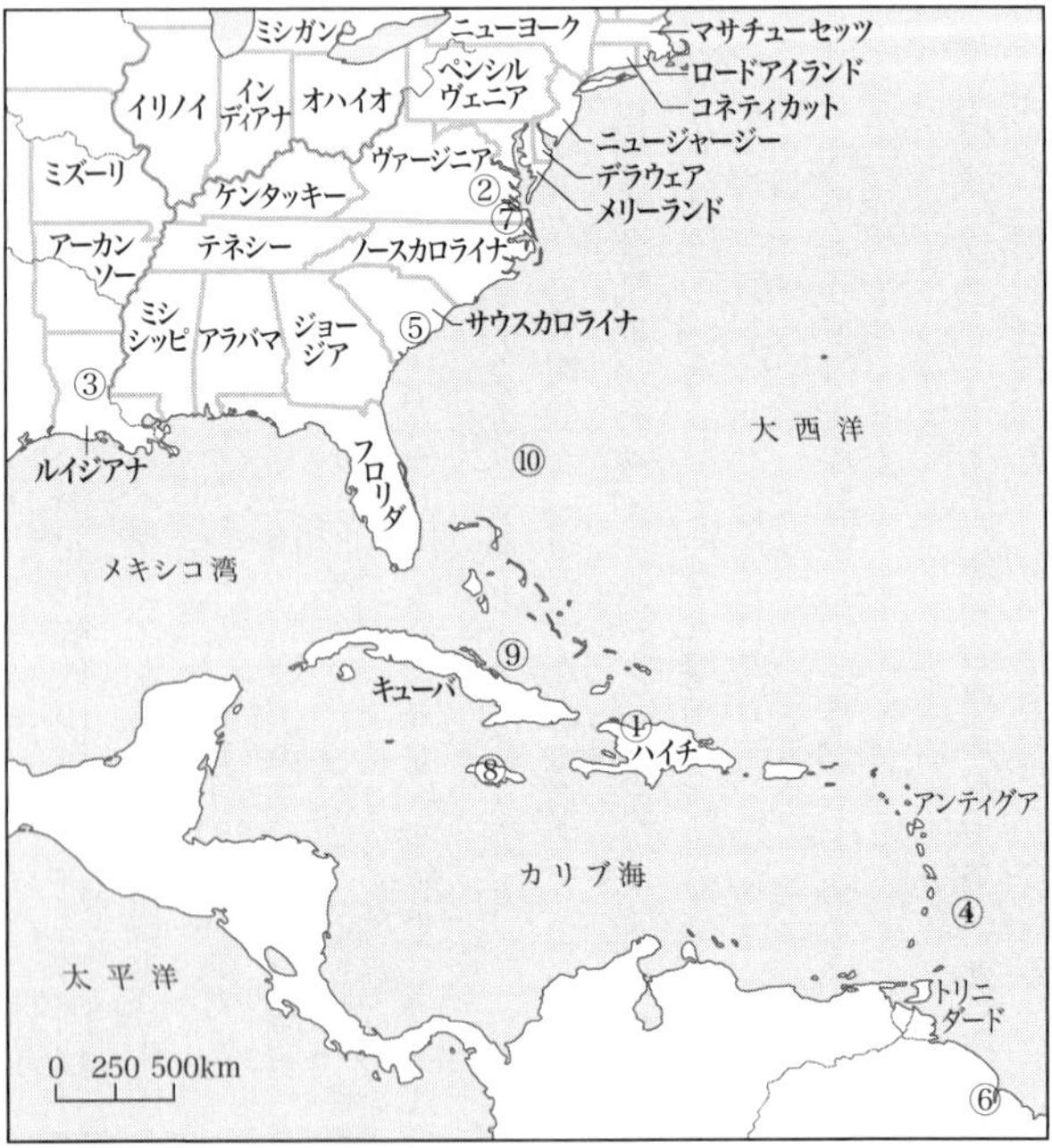

1791年　①フランス領サンドマングで反乱，1804年独立（ハイチ革命）
1800年　②ゲイブリエルの反乱（ヴァージニア州リッチモンド）
1811年　③ジャーマン・コースト暴動（ルイジアナ）
1816年　④イギリス領バルバドスで「ブッサの反乱」
1822年　⑤デンマーク・ヴィーシーの反乱計画（サウスカロライナ州チャールストン）
1823年　⑥イギリス領ガイアナでデメララの反乱
1831年　⑦ナット・ターナーの反乱（ヴァージニア州サウザンプトン郡）
　⑧イギリス領ジャマイカで反乱（バプティスト戦争）
1839年　⑨アミスタッド号の奴隷反乱，1841年連邦最高裁判決により奴隷たちは解放（アミスタッド号事件）
1841年　⑩クレオール号の奴隷反乱，1842年イギリス領バハマ諸島で奴隷たちは解放（クレオール号事件）

図1-1　環大西洋世界における奴隷反乱（19世紀）

ジョン・アダムズと第六代ジョン・Q・アダムズの親子を除き、みな奴隷所有者であった点に注目してみよう。第一代ジョージ・ワシントン、第三代トマス・ジェファソン、第四代ジェイムズ・マディソン、第五代ジェイムズ・モンロー、第七代アンドリュー・ジャクソンは、アダムズ親子が一期四年で再選を果たせなかったのに対し、いずれも二期八年の任期を全うした。その後も、第一〇代ジョン・タイラー、第一一代ジェイムズ・ポーク、第一二代ザカリー・テイラーまで奴隷所有者の大統領が続いた。

行政府のみならず、司法においても、合衆国憲法批准から南北戦争までの期間、連邦最高裁判所では奴隷主の判事が多数派を構成し、その多数派を奴隷主の最高裁長官ジョン・マーシャル（在任期間一八〇一―三五年）とロジャー・トーニー（一八三六―六四年）が束ねていた。

この用語を用いて本巻の歴史的問いをあらためて説明するならば、奴隷制という不自由を抱えて船出した「奴隷国家」アメリカは、いかにして自由労働者からなる「移民国家」へと変貌を遂げたのか、ということになる。その移行の過程で、合衆国は南北戦争という未曽有の内戦を経る必要があったのだ。

西漸運動の開始――市場革命と交通革命の進展

対英戦争後の国内における最も重要な変化は、アパラチア山脈以西への大規模な移住が開始され、本格的な西漸運動が始まったことである。実際、一八〇〇年にはアパラチア山脈以西の人口は三九万人(国民全体の七%)にすぎなかったが、一八二〇年には二四二万人(国民全体の二五%)へと急成長している。戦前には、アメリカ人の居住地は、ニューイングランド、中部、南部という大西洋岸の三つの地域に限られていた。それが、西漸運動の展開とともに北部、南部に加えて、西部という固有の地域が生まれ、三つの新しい地域《セクション》に再編されていったのがこの時代である。

その際、一九世紀前半のアメリカ社会が経験した社会経済的変化——より具体的には北部の産業化や機械制工場の出現、南部の綿花生産や西部の農産物生産に伴う資本主義的農業の浸透など——を、米国史では一九九〇年代以降、「市場革命」というキーワードを用いて捉える。近代的機械の導入に由来する従来の「産業革命」よりも射程が長い用語である。

「交通革命」と呼ばれる、道路や運河、鉄道など交通・運輸手段の発達も同時代の特徴である。一八一二年戦争中にイギリス海軍がアメリカ大西洋岸の沿岸交通を遮断し、物流の混乱をきたした経験が内陸交通路の必要性を痛感させた。南北に走るアパラチア山脈が東西交通を遮断する地理的困難を克服し、東西連結ルートを開発した、交通手段の著しい発展を交通革命と呼ぶ。

交通革命は、①陸上交通路拡充の時代(一八一〇年代)、②運河建設の時代(一八二〇—三〇年

代）、③鉄道建設の時代（一八四〇年代以降）と段階的に進展した。この交通革命前の物流は、南に流れるオハイオ川やミシシッピ川がタバコや材木、綿花などの生産物の大動脈であったが、その南部へと流れる物流の流れが、一八二〇年代の運河熱、四〇年代以降の鉄道熱により大きく変わり、ニューイングランドと中部大西洋岸がアメリカ経済の中心地となっていくのである。

陸上交通路は、路面に砕石を敷き詰めて固める石塊舗装道路と、厚い板材を敷く板敷道路のいずれかの工法で作られ、大西洋岸の東部都市が有料道路《ターンパイク》で結ばれた。連邦政府の事業としては、ポトマック河畔のカンバーランド（メリーランド州）から、オハイオ河畔のホイーリング（ヴァージニア州、後にウェストヴァージニア州）までを結ぶ一大幹線道路カンバーランド国道（工期は一八一一―一八年）が有名である。この国道は、のちに西部三州を横断するかたちで、イリノイ州のヴァンダリアまで延長された。

こうした道路網の拡充で、荷馬車による輸送量が増大した。だが、道路拡充以上に、市場革命の牽引役となったのは運河建設であった。これまでもミシシッピ川やオハイオ川は初期の西部開拓者の生命線であり、農産物は両河川を経由してメキシコ湾から大西洋岸やヨーロッパに輸送されていた。一八〇七年にはロバート・フルトンが蒸気船の実用化に成功し、一八一〇年代以降はミシシッピ川で大活躍していた。

こうした南北方向の河川交通とは異なり、北部と西部を結ぶ東西方向の物流の大動脈として、ニューヨーク州知事クリントンによって提案されたのが、エリー運河である。七〇〇万ドルの巨費をニューヨークはすべて州債で調達し、ハドソン川上流のオルバニーとエリー湖畔のバッファローを結ぶ全長五八四キロの巨大運河を一八二五年に完成させた。ここに大西洋岸の大都市ニューヨークと西部を結ぶ大動脈(輸送日数は二〇日から六日に短縮)が完成したことで、ボストンやフィラデルフィアなど東部沿岸の競争相手の諸都市を抜いて、ニューヨークが一躍商業の中心地としての地位を獲得したのである。エリー運河の成功後、運河の建設ブームは三〇年代以降も続いたが、エリー運河ほどの高収益をあげられず、一八五〇年代には運河の時代は終わりを迎えた。

最後に交通革命を牽引したのが、運河ほど建設費がかからない交通手段である鉄道であった。アメリカの鉄道史は、一八三〇年にボルティモア・オハイオ鉄道の機関車が二一キロの区間を走ったのを皮切りに、鉄道建設ラッシュが始まり、一八五〇年には総延長距離が約一万五〇〇〇キロに達し、運河を凌ぐものとなっていた。このような交通手段の革命によって、西漸運動により開拓されるフロンティアは、市場経済へと組みこまれ、内陸開発がさらに推進されることとなったのである。

また同時期の技術革新として、決定的に重要なのはサミュエル・モースが発明したモールス電信である。一八四〇年代半ば以降、電線がアメリカ全土を網の目のように覆い始め、遠隔地間のコミュニケーション速度は大幅に短縮された。一八五三年には三万七〇〇〇キロの電線が普及し、六〇年には八万キロとなった。この発明が、鉄道や蒸気船の運行のあり方、商取引や金融取引のあり方を変えていった。そして、南北戦争時、リンカンが軍事電報局に入り浸り、部隊への移動命令を出し、部隊からの戦局情報に一喜一憂したように、戦争のあり方を根本から変えていくことになった。

2　ナショナリズムと「好感情の時代」の政治

クレイのアメリカ体制《システム》

対英戦争後、連邦議会では、好戦派のヘンリー・クレイやジョン・C・カルフーンら若い世代が指導者として頭角を現し、ナショナリズムを基調とする政策を次々に打ち出した。

戦後の経済的ナショナリズムは、一八一五年一二月のマディソン政権の年次教書に典型的に現れた。交通革命を推進すべく、道路・運河網を整備拡充するための予算措置、製造業を保護するための高関税、第二合衆国銀行構想など、かつての政敵連邦派が提言していた一連の政策を共和派の大統領が呼びかけた。

ヘンリー・クレイが一八二四年三月に唱えた政策構想、いわゆる「アメリカ体制《システム》」もまた、マディソン政権の経済的ナショナリズムを継承するものだった。その骨子は、第一に、高率の保護関税により製造業の育成を図り、その関税収入を国内交通網の整備拡充にあてて、農産物と工業製品の相互交流を促すこと。第二に、全国的通貨と健全な信用を供給する中央銀行を設立して、国内商取引の円滑化を図ることだった。要するに、北部製造業と西部の農業を育成して、アメリカ国内の分業体制を確立することで、ヨーロッパ市場への依存を断ち切り、国内経済の自立を図ろうとしたのである。

共和派の経済政策は、全国各地で支持された。マディソン大統領の後継者を選ぶ一八一六年の大統領選では、共和派のジェイムズ・モンローが一八三票対三四票という大差で、第五代大統領(任期一八一七―二五年)に選出された。選挙結果を受けて、連邦派の牙城ボストンで発行されていた『コロンビア・センティネル』紙は、モンロー政権の発足は政党対立の終わりを告げる「好感情の時代」の幕開けだと評価し、新政権を支持した。

モンロー・ドクトリンと「西半球の帝国」

モンロー政権の外交政策は、国務長官ジョン・Q・アダムズに委ねられた。彼は第二代大統領ジョン・アダムズの息子で、ガン条約の交渉に参加するなど、六カ国語を操る経験豊かな外交官だった。

熱烈な拡張主義者であったアダムズが最初に取り組んだのは、これまで未確定であった国境線の画定作業だった。まずカナダ国境では、一八一七年四月にラッシュ＝バゴット条約を締結して五大湖における両国の海軍力削減に同意し、米加国境における非武装化を実現した。その上で、一八一八年の英米間の条約により、ウッズ湖から西に向けて北緯四九度線沿いに境界線を引いて、イギリス領カナダとの国境を明確にした。また、ロッキー山脈以西のオレゴン地域については、一〇年間は英米両国の共同領有地とすることで合意した(一八二七年にさらに一〇年延長)。

アダムズの次の仕事は、長年懸案となってきたスペインとの抗争を解決することだった。一八一二年戦争中に、米国はモービル(現在のアラバマ州)と西フロリダを占領していたが、交渉により東フロリダの獲得を図るため、一八一八年にスペインとの会談がもたれた。だが、その最中、アンドリュー・ジャクソン将軍の軍隊が、セミノール・インディアンの反乱鎮圧を名目に進軍し、フロリダのほぼ全域を占領してしまった。翌年、駐米スペイン公使ルイス・デ・オニスは、米国にフロリダを譲渡することに同意し、アダムズ＝オニス条約が締結された。フロリダを獲得した代償に、米国は米市民がスペインに請求していた五〇〇万ドルの賠償金を肩代わりした。同時に、ジェファソン大統領が購入したルイジアナ領(一八〇三年)の南西方面の境界を画定したが、この境界線は、メキシコ湾に注ぐセーバイン川河口からロッキー山脈に向かって階段状に北上し、北緯四二度線に沿って太平洋岸に到達する画定線であった。こうした外交交渉により、米国は太平洋岸にまで西漸し大陸国家となる布石を打ったのである。

米国とヨーロッパ諸国間の係争はこうして一時的に解決されたが、中南米情勢は予断を許さないものとなっていた。米国と西半球をヨーロッパの紛争から遠ざけたいとするアダムズの外交政策は、やがてモンロー主義の宣言へと結実していくことになる。

一八〇八年から二二年にかけて、ラテンアメリカではスペイン本国の政治的混乱に乗じて、ラプラタ連邦、チリ、ペルー、コロンビア、メキシコのスペイン植民地が相次いで独立を宣言した（巻頭地図参照）。米国の革命の伝統を受け継いでいるとして米国民がこの独立を強く支持していたこともあり、モンロー大統領は二二年三月、ラテンアメリカ五カ国の独立承認を促す教書を連邦議会に送った。米国はこうして、ラテンアメリカ以外の地域で、これら新国家を承認した最初の国となった。

しかし、ナポレオンが敗退し、「正統主義」の名のもとにウィーン会議が旧体制の復古に成功したことは、新大陸の独立国を不安に陥れた。一八二二年のヴェロナ会議では、スペインでの革命を鎮圧するためにフランス軍の出兵を許す決定が下され、ラテンアメリカ再征服の軍隊が送られる気運すら生じた。さらにこの時期、帝政ロシアのアレクサンドル一世は、二一年に布告を発して、太平洋岸の北緯五一度までの領有権を主張し、アラスカから南下の機会を窺っていた。

こうした情勢下で、一八二三年八月、イギリスの外相ジョージ・カニングが重要な提案を持ちかけてきた。それは、ラテンアメリカに対する神聖同盟諸国の干渉に対して、英米共同で反対声明を出そうというものだった。しかし、このイギリス提案の背後に、米国の手を縛って今後、キューバやテキサス、カリフォルニアなどのスペイン植民地へ米国自身が進出することを阻もうとする意図を感じとったアダムズは、「イギリス軍艦の後ろにつき従う小舟」のようにふるまうよりは、アメリカ単独でロシアとフランスに警告を発したほうがよいと考え、単独宣言案を唱えた。結局、このアダムズの提案が取り入れられ、米国の立場表明が大統領教書のなかでなされた。

一八二三年一二月二日、モンロー大統領は連邦議会にあてた第七次年次教書のなかでモンロー主義と呼ばれることになる外交方針を表明するに至った。その主張の柱は二つある。第一の主張は非植民地主義の思想の表明であった。「自由かつ独立の立場を維持してきた南北アメリカ大陸は、今後、ヨーロッパのいかなる国によっても植民地化の対象とみなされてはならない」。第二の主張は、相互不干渉の思想の表明である。これは、ラテンアメリカの「姉妹共和国」に対するヨーロッパ諸列強の干渉排除を目論むものだったが、そこでは神聖同盟諸国の政治システムは、自由と独立を掲げた西半球諸国のものとは本質的に異なっているとの見解が示された。

この相互不干渉の主張は、ワシントン大統領の告別の辞やジェファソン大統領の就任演説において表明されてきた、非干渉・非同盟の理念を継承したものであったが、モンロー主義は従来の孤立主義路線を踏襲しただけのものではなかった。南北アメリカ大陸を中心とする西半球を一つの独自のブロックとして想定し、この半球的思考をもとに、ヨーロッパ勢力を排除しつつ、米国自身の勢力伸長の余地を残しておこうとする、膨張主義の発想、帝国形成の意図を内在するものだったのである。上述の「アメリカ体制《システム》」の提唱者ヘンリー・クレイは、米国をモデルとする政治原理や制度が南米全域に広がることを期待し、アメリカを「西半球の帝国」とするビジョンを次のように表明していた。すなわち、「われわれは、旧世界のすべての専制主義に対し、人間の自由が結集するような体制の中心となるべきである」と。

地域利害の対立とミズーリ妥協

モンロー政権は、外交面で大きな成果をあげたものの、内政面では地域利害の対立に悩まされた。戦後の経済成長は、堅調なヨーロッパ向けの農産物輸出に支えられたが、西部では土地投機ブームが起こり、農民や農園主《プランター》らは公有地の信用買いに奔走した。だが、一八一八年に始まった製造業の不況が深刻化すると、このブームは突然終わった。南部のプランター、西部農民、北部の製造業者が、それぞれ地域利害を主張し始め、「好感情の時代」のナショナリズムの思潮に暗い影を落とし始めていた。

この地域間の不和・対立を加速させたのは、連邦議会におけるミズーリの連邦加入をめぐる奴隷制問題であった。合衆国憲法が制定されて以降、議員たちは基本的に奴隷制問題を議会で論じることを避けてきた。合衆国憲法第一条第九節が定めた奴隷貿易の廃止時期に関連して、一八〇八年一月以降の奴隷貿易を禁止する一八〇七年の連邦法が審議された際にも、南部議員は反対することなく法案が通過した。

南部議員が奴隷貿易禁止に賛成した背景には、ナポレオン戦争の影響により、当時、カリブ海域で奴隷反乱が続発していた国際情勢があった（図１-１参照）。奴隷反乱の鎮圧では、貴重な財産である奴隷が全員処刑処分になることは稀で、反乱分子は他地域の奴隷主に売却、輸出されることがしばしばであった。このような商慣行が横行する中、国際的な奴隷貿易の継続は危険との認識が生まれていたのである。また、後述するように、この時期にはヴァージニアなどから綿花栽培の中心地、低南部へと大規模に奴隷が国内移動するようになっており、むしろこれを禁止することを北部議員が検討し始めていたため、こちらが問題化しないように、国際奴隷貿易禁止については賛同したのだった。

だが、一八一九年二月、ミズーリ住民が奴隷州としての連邦加入を議会に請願すると、ついに奴隷制が連邦政治の問題として浮上した。以後、二年半ほど、連邦議会はこの奴隷制問題一色になる。

きっかけは、ニューヨーク州選出のジェイムズ・タルマッジ下院議員がミズーリにおける奴隷の漸次解放を求める修正案を提案したことであった。ミズーリを含む旧ルイジアナ領地には奴隷制に関する南北の境界がまだ引かれていなかったこともあるが、ミズーリ定住者の多くは、ケンタッキー州やテネシー州出身者で奴隷制と共に育ってきた人たちであり、ミズーリが奴隷州となることは彼らからしてみれば当然のことだった。しかし、後述するとおり、第二次覚醒運動の影響を受け、奴隷制廃止を含むさまざまな改革運動が北部で盛り上がり始めており、これが奴隷制を新たな感情的、道徳的な問題として焦点化していったのである。

しかし、一八一九年一二月にマサチューセッツ州からメインが分離独立し、自由州として連邦加入の申請を行ったことで、妥協を生み出す糸口が与えられた。翌年三月、下院議長ヘンリー・クレイの調停で、メインを自由州、ミズーリを奴隷州として連邦加入させ、旧ルイジアナ領地のうち北緯三六度三〇分(ミズーリ州の南の境界線)以北では、奴隷制は認めないとするミズーリ妥協が成立した。これで一二州ずつとなった自由州と奴隷州は、その後も新州の連邦加入に際してはできるだけ同数にして、連邦上院における数的均衡が保たれるよう注意が払われることとなった。

共和派の解体と政党再編

対立政党のない「好感情の時代」にあって、モンロー政権末期におきたミズーリ論争は、地域利害の対立を表面化させ共和派の結束に亀裂を入れるとともに、「ヴァージニア王朝」の支配をも絶つこととなった。

一八二四年大統領選では、それぞれ異なる地域利害を代表する五人の候補者が名乗りをあげることになった。マサチューセッツ州出身のジョン・Q・アダムズ国務長官、ジョージア州出身のウィリアム・クロフォード財務長官、サウスカロライナ州出身のジョン・C・カルフーン陸軍長官(のちに立候補辞退)、ケンタッキー州出身のヘンリー・クレイ連邦下院議長、それにテネシー州出身で一八一二年戦争の英雄であるアンドリュー・ジャクソンの五候補である。

選挙の一般投票で一位となったのは、ジャクソンであったが、大統領選挙人票の過半数を制するにはいたらなかったので(九九票――全体の三八%)、最終決定は憲法修正第一二条の規定に従い、連邦下院の決選投票に委ねられた。その結果、選挙人票で二位だったアダムズがクレイの支持を得て、第六代大統領に選出された。

候補者の乱立した一八二四年選挙の混乱ぶりは、共和派一党支配の終わり、ナショナリズム気運の陰りを象徴するものであった。アダムズ政権は、国務長官クレイの提唱する「アメリカ体制」に沿う道路・運河建設などの政策を推し進め、国立銀行の設置、太平洋岸への学術探検隊の派遣を呼びかけ、外交面ではシモン・ボリバルが提唱するパナマ会議に合衆国代表を派遣することを連邦議会に要請した。

アダムズの任期中、巨大化しすぎた共和派は分裂し、事実上、党は二つに分かれて政党再編が進んだ。連邦主義的な政策を掲げるアダムズとクレイの支持者は、合流してナショナル・リパブリカン党(一八三四年にホイッグ党と改称)を発足させ、州権論を掲げるカルフーン派らはアンドリュー・ジャクソンを擁立して、デモクラティック・リパブリカン党、のちの民主党を結成した。政治史においては、この一八二八年から五四年(共和党が誕生)までをホイッグ党と民主党の二党により担われた第二次政党制と呼ぶ。

一八二八年大統領選では、アダムズは再選を目指したものの、デモクラティック・リパブリカン党の大統領候補ジャクソンの前に敗れた。ジャクソンは、選挙人票で圧勝(一七八票対八三票)して、第七代大統領に選出された。

3　ジャクソン政治とデモクラシー

ジャクソンの時代と政治の民主化

ジャクソンは、これまでの大統領がエリート層、名望家出身の者ばかりで、しかもジョン・アダムズ、ジョン・Q・アダムズ親子を除けば全員がヴァージニア出身者であった伝統からすれば、全く異質な大統領であった。年老いたトマス・ジェファソンが「私の知る限り(大統領に)最も不適切な男」と評したジャクソンとはどのような人物だったのだろうか。

ジャクソンは、スコットランドから両親が移民した二年後の一七六七年に「サウスカロライナの丸太小屋」で生まれたとされる。父はジャクソンが生まれる前に亡くなった。孤児で教育も十分に受けられなかったが、独立戦争が始まると一三歳ながら急使として大陸軍に加わり、捕虜として抑留中に英軍将校に切りつけられたとの逸話が残っている。その後、テネシーの州昇格とともに下院議員に選出され政治家としての地歩を固めるとともに、プランテーション農園主としても成功を収め、ナッシュビル近くに広大な綿花プランテーションを所有(黒人奴隷は一〇〇名を超えた)する南部プランターの顔も併せ持っていた。一八一二年戦争におけるニューオリンズの戦いでの勝利で、ジャクソンが国民的英雄になったことは、第一巻で触れられたとおりである。

こうした粗野な「たたきあげの男《セルフメイド・マン》」が、大統領に選出された背景には、白人男子普通選挙の制度化と大統領選挙方法の民主化があった。一八一二年戦争後、選挙資格から財産上の制限撤廃を求める運動が北部諸州を皮切りに勝利を収め、一定の年齢(概ね二一歳)に達すれば、白人男子には誰でも選挙権が付与されるようになった。イギリスが一九世紀から幾度も選挙法改正運動を展開して、二〇世紀になって実現したものを、アメリカは一九世紀初頭に実現したのだった(イギリスでは一八三二年の選挙法改正で投票権を有するようになったのは五人に一人、八五年の改革後でも五人に三人のみ)。参政権を持たぬ労働者が、一九世紀後半に、参政権運動と社会主義運動を展開していくヨーロッパと、社会主義が根付かなかったアメリカの違いには、おそらくこの白人男性への選挙権付与が関係している。

大統領選挙の実施方法も、それまで州議会により選出されていた選挙人が次第に一般の有権者によって直接選ばれるようになり、大統領選は実質的に国民による直接投票となった。このように国家元首を、普通選挙かつ直接選挙で選出する国は、同時代にはほとんど存在しなかった。

こうした制度改革は、庶民《コモン・マン》の政治的関心を高め、大統領選の投票数は一八二四年の三六万票から、ジャクソン当選の一八二八年には一一〇万票へと急増した。候補者たちは選挙戦で家柄の良さよりも、庶民の代表たる、丸太小屋生まれのセルフメイド・マンであることを強調するようになった。丸太小屋ブームは、管見の限り、エイブラハム・リンカンの大統領選まで続く。国民の直接の代表者として大統領が位置づけられたことは、大統領権限の強化にもつながった。そのことは大統領と連邦議会の関係にも影響を与え、ジャクソンが任期中に拒否権を行使した回数(一二回)は、それまでの六人の歴代大統領が行使した合計九回を上回る数であった。反対派は、「国王アンドリュー一世」などと呼びこの度重なる拒否権行使を非難して、人民を代表するはずの立法府の権限を守ろうとした。

もう一つ、ジャクソンは猟官制《スポイルズ・システム》の制度を導入した大統領でもある。これは、それまでのエリート層による世襲的な官職独占の悪弊に終止符を打ち、政党の票集めに奔走した党員に論功行賞として官職を分け与えるもので、この間の政治の民主化の動きの一環であった。

「唾棄すべき関税」と銀行戦

次に、ジャクソン政権で争点化した関税問題と第二合衆国銀行の存廃問題をみていこう。これらがそもそも問題となったのは、ジャクソンを擁立した民主党が、大きく三つの派閥から構成されていたことに原因があった。すなわち、北部実業界の利益代表(道路・運河建設業、運搬業、中小製造業、州法銀行)、南部プランターの利益代表、西部農民の利益代表の三派である。これら利害の対立する三派が民主党内に同居できたのは、ジェファソンの州権論思想(連邦権限の強大化反対、官民提携の否定、自由貿易の推進)を拠り所にかろうじて結束できたからである。

しかし、一八二八年成立の関税法が、はやくも派閥の利害対立を表面化させた。平均税率四〇%という高関税を課す同法は、まだ足場の弱い製造業を守る保護関税として北部では歓迎されたが、多くの製品をヨーロッパから輸入していた南部では受け入れがたく、「唾棄すべき関税」と呼ばれ非難された。

ジャクソン政権発足後、関税率がやや引き下げられ、南部州の一部もこの妥協案を受け入れたが、カルフーンは南部利益を代表して地元サウスカロライナにて特別会議を招集し、関税法が憲法違反であるがゆえに州内では無効とするとの州法案を可決した。サウスカロライナの無効化宣言は強い州権論の立場にたつ主張だったが、ジャクソン大統領は「州が国の法律に無効を宣言できるとの主張は連邦の存在とはあいいれず、憲法の精神に反する」と全面否定した。大統領とサウスカロライナ州の関係は緊迫し、連邦軍派遣が準備されたが、連邦議会が税率を漸次引き下げる修正法を制定したため、武力衝突の危機は回避された。

もう一つの懸案は、第二合衆国銀行をめぐる問題だった。財務長官アレグザンダー・ハミルトンが提案者となり設立された合衆国銀行(第一)は二〇年後の特許状の更新が認められず一八一一年に失効していた。これに代わる第二合衆国銀行(本店はフィラデルフィア)の設立が一八一六年四月に認可され、同じく二〇年の特許が与えられたのは、戦争で厳しいインフレを経験したことによって、戦後の財政悪化と信用不安を打開する役割が求められたからである。

第二合衆国銀行は、民間銀行でありながら、連邦政府の預金保管所の役目を果たし、通貨量の調整を行うなど、中央銀行に近い機能を果たした。戦後の政府主導の内陸開発に資金を大量に供給するなど、一九世紀前半の市場革命を牽引する役割を一方で果たしながら、他方、北部の新興企業家や中小の製造業者に対しては信用引き締め策を打ち出して、放漫経営を抑制する方針を採った。そのため、新興業者の間では、第二合衆国銀行への敵意が渦巻くこととなった。

合衆国銀行総裁のニコラス・ビドルは、第二合衆国銀行の存廃問題を一八三二年の大統領選の争点にするつもりだったヘンリー・クレイに促され、一八三六年に設定されていた銀行の特許満了を待たずに、連邦議会に特許更新の申請をし、一八三二年六月に期間延長が上下両院で可決された。

しかし、ジャクソン大統領は翌月拒否教書を出し、法案を議会に差し戻した。ジャクソンは、教書のなかで平等主義の理念を掲げ、労働することのない「非生産者」の銀行が、アメリカを支える「生産者」の農民や職人から不当に利益を貪り取っていると非難した。結局、一八三二年大統領選は、ジャクソン二一九票、クレイ四九票で、ジャクソンが再選され、第二合衆国銀行は一八三六年の特許切れで特権的地位を失い、一八四一年に閉鎖された。

先住民の強制移住政策

ジャクソン民主党政権のもう一つの重要課題は、先住民の掃討、強制移住であった。ジャクソンは、一八二九年一二月の第一次年次教書で、ジョージアとアラバマの先住民をミシシッピ川以西に移住させる意向であることを表明し、連邦議会はこれを受けて、翌年五月にインディアン強制移住法を制定、五〇万ドルの特別支出を承認した。

ルイジアナ購入以降、先住民をミシシッピ川以西に移住させる構想はすでにあったが、その移住はあくまで説得による自発的なものとされたため遅々として進まなかった。しかし、西部諸州からも、南部奴隷州からも、先住民の土地を渇望する声は大きく、その国民的要望に応えるべく、自発的移住の原則を強制移住へと転換したのが、一八一二年戦争当時、アラバマのクリーク族討伐で名をあげたジャクソンだった。強制移住計画は、次のマーティン・ヴァンビューレン政権下（任期一八三七―四一年）でも継続された。

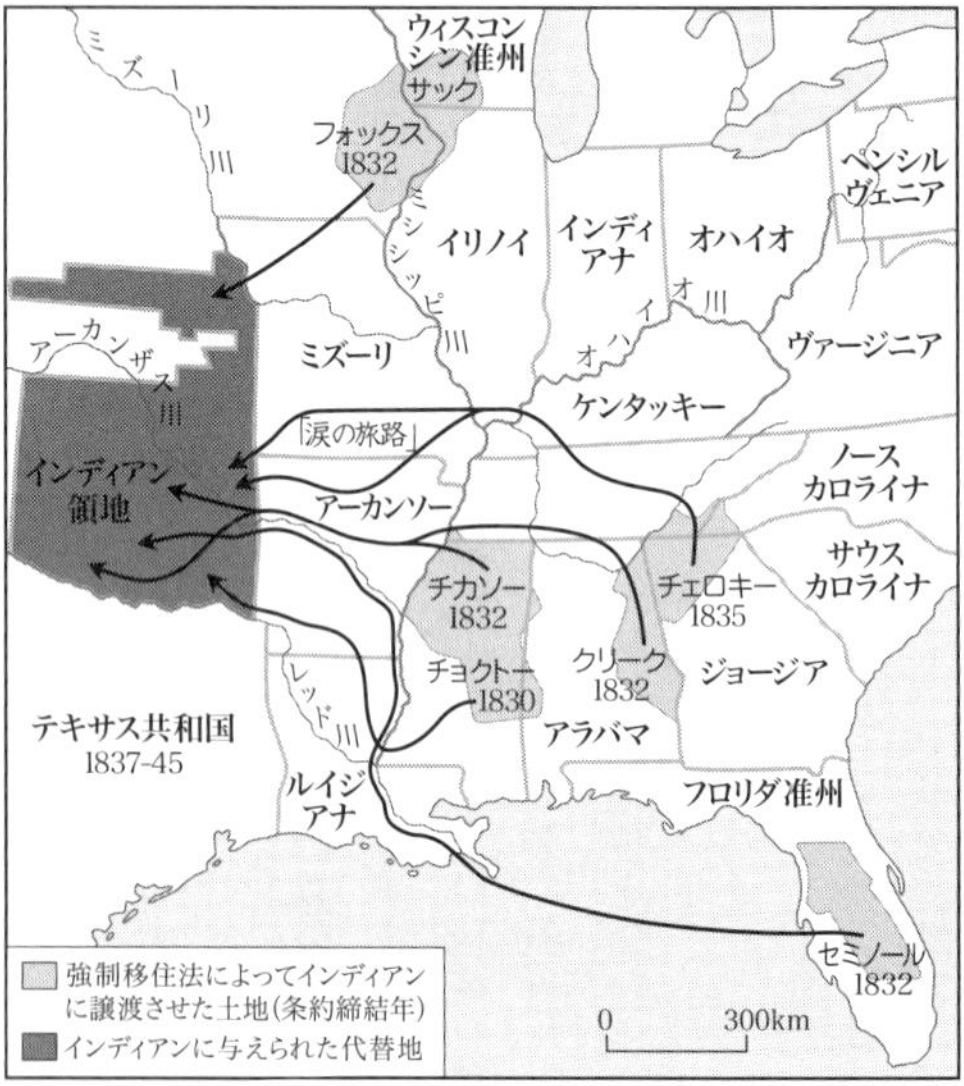

図 1-2　インディアンの強制移住

強制移住法に従い、連邦政府は各部族に移住条約の締結を迫り、一八四〇年代半ばまでに一〇万人の先住民がインディアン領地（現在のオクラホマ）などの代替地へと強制移住させられた。この政策に対して、セミノール族が第二次セミノール戦争（一八三五―四二年）を起こして武力闘争を試みたり、チェロキー族が法廷闘争を通じて抵抗したりしたものの、政策がくつがえされることはなかった。チェロキー族は強制移住の過程で、人口の四分の一にあたる約四〇〇〇人を亡くし、クリーク族は三五〇〇人が命を落とした。このいわゆる「涙の旅路」と呼ばれる強制移住の悲劇は、西部開拓の歴史とアメリカ民主主義の歴史に深い影を落としている。

4　北部改革運動

第二次覚醒運動と社会改革運動

ジャクソンの時代は、市場革命により工業化・都市化が進展し、旧い共和国が急激に変貌し、人々の伝統的な絆が断ち切られていったが、そうした変化に危機感を抱く人々がさまざまな社会改革運動を実践した時代でもあった。改革運動とは、安息日遵守、教育改革（公教育の整備）、禁酒運動、女性解放運動、ユートピア共同体の建設、奴隷制即時廃止《アボリショニズム》運動、決闘の禁止、刑務所や精神病院の改革、債務者の投獄禁止など、多岐にわたる。

これら改革運動の原動力となったのは、宗教の力であった。一七九〇年代後半から始まった第二次覚醒運動と呼ばれる信仰復興運動は、一八二〇年代にはニューヨーク州西部に広がり、四〇年代後半まで続いた。とりわけ、チャールズ・フィニーとジョン・H・ノイズの唱えた完全主義《パーフェクショニズム》の説教がきっかけで改革運動は進み、エリー運河沿いのニューヨーク西部は宗教的炎で「焼き尽くされた地区」と呼ばれるほどだった。ちなみに社会改革運動家はホイッグ党のもとに結集し、改革反対派はアンドリュー・ジャクソンを彼らの代弁者とみなし、民主党を政治的拠り所とした。

改革の実例をみてみよう。最も成功を収めた改革運動は、改革者たちが貧困や犯罪、家族不和の原因とみなしたアルコールを取り締まる聖戦であった。当時のアメリカ人の飲酒癖はヨーロッパ人の目には異常と映っており、アレクシ・ド・トクヴィルの合衆国滞在記には、飲酒癖が先住民にまで蔓延していることを嘆く記述がある。当時、ウィスキーが大量に出回ったのは、物流が未発達のこの時代、西部の奥地に住む農民達が余剰穀物を市場に出す際に、蒸留酒に加工して市場に出して輸送コストを節約していたからである。

一八三〇年代以降、禁酒運動には女性達が積極的に参加して全国的規模で展開されるようになった。一八三三年には、全米二四州中二一州の代表がフィラデルフィアに集まって、合衆国禁酒同盟が組織された。また禁酒を法律で規定する動きも生まれ、メイン州が一八五一年に州内のアルコール製造・販売を禁止する法律を制定すると、五五年までに一二の州や准州で同様の禁酒法が制定された。

女性解放運動

社会改革運動の時代は、その担い手となった女性達が自らの権利意識に目覚めた時代でもあった。

市場革命によって都市部に工場が出現し、新たな中産階級が形成され始めると、家庭と生産活動の場を分けて、職場で働く男性と、家庭で家事、育児に専念する女性という性別役割分業が生み出された。一八三〇年代から五〇年代に刊行された一般向け書物では、家庭とは私利私欲の渦巻く社会から逃げることのできる安らぎの場であり、女性には「家庭的であること」が説かれた。

だが、都市の一部の女性を除けば、この家庭崇拝のイデオロギーに現実味はなかった。実際、農家や職人の家の女性たちは、賃労働に従事するケースがめずらしくなかった。ニューイングランドのローウェルの紡績工場のような、農家の娘達が働くのに理想的とされた職場においてすら、彼女たちは労働運動に参加したのであり、この工業化社会を生き抜く中で、女性達は社会改革との関わりを深めていったのである。それゆえ、女性改革者の批判の矛先が、従順、貞節、敬虔などの美徳を女性におしつける時代の通俗道徳に向けられたのは至極当然であった。

図 **1–3**　フレデリック・ダグラス（1870 年）

また、女性解放運動の起点も、この社会改革運動の中に求めることができる。一八四八年七月、女性活動家のエリザベス・ケイディ・スタントンとルクレシア・モットの呼びかけにより、ニューヨークのセネカフォールズで、アメリカ史上最初の女性の権利を訴える大会が開かれた。スタントンが起草した「所信の宣言」には、「私たちは次の真理を自明のものと考えます。すなわち、すべての男女は平等に造られており、造物主によって一定の譲り渡すことのできない権利を授けられている。これらの権利の中には、生命、自由、幸福の追求が含まれている。……人類の歴史は女性に対する絶対的専制の樹立を直接の目的として、男性が繰り返し女性の権利侵害と簒奪を行ってきた歴史である」とあった。三〇〇人以上の参加者がある中、男性の参加者は四〇人、その中には奴隷制廃止運動家のフレデリック・ダグラスの姿もあった。

グリムケ姉妹など、女性活動家の中には、奴隷の社会的地位と女性の地位の共通点への気付きから、奴隷制反対運動に参加した者も多く、その問題意識は女性の投票権や財産所有権など社会的権利を求める運動につながっていった。

ユートピア共同体の建設

さらにもう一つ、工業化社会が生み出した競争や利己主義に対抗し、平等と協同に立脚した理想社会を建設しようとするユートピア共同体の実験が企図されたのもこの時代である。イギリスの実業家ロバート・オーウェンが建設したインディアナ州のニューハーモニー(一八二五―二七年)、ラルフ・ウォルド・エマソンなど同時代の超絶主義者《トランセンデンタリスト》が支援したことで有名なブルック・ファーム共同農場(一八四一―四六年)などがあるが、いずれも短命に終わった。しかし、モルモン教会や完全主義者ノイズのオナイダ・コミュニティなど、宗教的志向の強い共同体は成功した。

モルモン教会(末日聖徒イエス・キリスト教会)とは、一八三〇年、ジョゼフ・スミスという宗教家が「焼き尽くされた地区」の町パルミラで創設した新宗教である。西部のフロンティアにおけるシオン(地上の王国)の建設と先住民の改宗を使命とするモルモン教徒は、一八三九年当時のフロンティアの最前線、イリノイ州ノーヴーに移住し、巨大な神殿を作り、イリノイ州屈指の都市へと作りかえた。だが、四三年に教祖スミスが一夫多妻制を唱道したことで反感をかい、翌年、暴徒の手で殺害されてしまう。ブリガム・ヤングを新指導者に選んだモルモン教徒は米国の領域外への脱出を企て、いわゆるモルモン・トレイルと呼ばれる道を切り開きつつ、一八四七年に現在のユタ州グレートソルト湖畔(当時はメキシコ領)に約束の地を見出した。彼らは、この地に共同作業で灌漑用水路を建設し、ユタの荒野をオアシスへと変貌させることに成功した。

一方のオナイダ・コミュニティとは、完全主義の提唱者ジョン・H・ノイズが信徒を引き連れ、ニューヨーク州オナイダ郡に一八四八年、創設した宗教共同体である。ノイズは、人間は誰しも罪からの解放や道徳的完全の達成が可能だとして伝統的なカルヴィニズムの教えを否定した。共同体では、私有財産制が否定され財産の共同所有が実施されたのみならず、一夫一婦制も人間を所有欲の奴隷にしてしまうと考えられ、結婚相手を定期的に変えていく「複合結婚」という性の制度も実施され、子どもたちは全員共同体の託児所で育てられた。

5　奴隷制度と南部社会

アメリカ植民協会の創設とリベリア

アメリカ国内では奴隷貿易が一八〇八年に禁止され、国際的にはイギリス主導の奴隷貿易廃止キャンペーンが展開されていた一九世紀前半、合衆国政府は黒人奴隷制に関して、自由州北部と奴隷州南部の利害や党派性をこえた「好感情の時代」らしい対処策を講じた。一八一六年一二月末、アメリカ植民協会(American Colonization Society)という組織が創設され、「自由黒人」

をアフリカに送還する事業に着手したのだ。

「自由黒人」は植民地時代からある法的地位で、奴隷身分ではない黒人を指す。大西洋岸中部の諸州では、一七九九年にニューヨークが漸次的な奴隷解放令を制定すると、一八〇四年にはニュージャージーが続き、一八〇三年に州昇格したオハイオでも、北西部条例に基づいて奴隷制の導入が禁止された。高南部でも奴隷主の多くが奴隷解放を実施したため、「自由黒人」は全黒人人口の一三％ほどにまで増加していた。

アメリカ植民協会がもし奴隷解放後の将来構想として黒人の植民を提案していたのであれば、南北間で激しい議論が起きていただろう。だが、奴隷制の拡大・廃止論とは無関係に、一割強にまで増えた厄介者の「自由黒人」のみを対象に事業に着手したのは、実にこの時代らしい。高南部の自由黒人は、近隣の奴隷たちに権利意識を芽生えさせ、奴隷をしつける上での悪しき見本とされていたのだ。

植民協会の初代会長にはジョージ・ワシントンの甥で連邦最高裁判事のブッシュロッド・ワシントンが就任し、第二代には独立宣言の署名者の一人、チャールズ・キャロル、第三代にはジェイムズ・マディソン、第四代にはヘンリー・クレイが続いた。

一八一九年三月には、連邦議会は自由黒人の送還場所を確保するための予算を組み、一八二一年一二月、モンロー大統領は海軍大尉ロバート・ストックトンをアフリカ西海岸に派遣して、現地の族長から首尾よく植民地を獲得した。この土地はラテン語の自由人(liber)にちなんでリベリアと命名され、首都はモンロー大統領にちなみモンロヴィアと名付けられた。

このリベリア植民地建設の背景には、当時の国際的な奴隷貿易廃止キャンペーンが関わっていることに注意を喚起しておきたい。当時、イギリスは奴隷貿易を禁止するだけでなく、強力な海軍力を駆使して洋上パトロールを行い、奴隷船を拿捕《だほ》した。保護した奴隷は、インドのゴアなどでキリスト教に改宗させ、解放奴隷としてアフリカへと戻す活動を展開していた。彼らがそのとき作った町はフリータウン(自由の町)と呼ばれる人工都市であり、現在のシエラレオネの首都をはじめ、アフリカにはこのとき無数のフリータウンが出現していた。

このようなアフリカ社会における奴隷貿易禁止、奴隷制解体の大きな歴史的転換の過程で、リベリア植民地も誕生したのである。アメリカ植民協会は一八三〇年までに計一四二一名、一八三一—四〇年の一〇年間に計二四〇三名の黒人をリベリアに送還した。

ちなみに、リベリア植民地は一八四七年に米国から独立してリベリア共和国となり、ハイチに次ぐ世界史上二番目の黒人共和国となった。建国時には、アメリカより移住してきた黒人は約二万人にまで増え、敬虔なキリスト教徒で英語を自由に操り、アメリカ的生活様式を身につけた彼らは、リベリアの新たな支配層となり、現地のアフリカ人を事実上、植民地支配していくことになる。

奴隷制廃止運動

一方、北部社会では、先述の第二次覚醒運動の影響を受けた改革運動として、奴隷制廃止運動が開始される。イギリスが世界的な奴隷貿易廃止運動を展開し始め、英領植民地における奴隷制を違法とする奴隷制廃止法（一八三三年）が制定された頃、ウィリアム・L・ギャリソンは『リベレーター』紙を創刊（一八三一年）し、アメリカ奴隷制反対協会（一八三三年）を設立した。奴隷制即時廃止《アボリショニズム》運動の始動である。

図 1-4　ウィリアム・L. ギャリソン（1870 年頃）

これは、従来の段階的な奴隷の有償解放、解放奴隷の植民という方法とは異なり、奴隷の即時、全面、無償の国内解放を唱えた点に特色があった。ミズーリ論争が行われた一八二〇年頃まで、奴隷制とは遠い父祖の世代から継承された制度であり、現世代の奴隷主の責任としては問えない「自然悪」のようなものとされていた。だが、奴隷制即時廃止論者は、奴隷制とは奴隷主個々人が責任を負うべき「道徳的悪」であり、「即時悔改め」により奴隷解放を実践すべきだと主張した。

南部人を倫理的に断罪するこうした奴隷制廃止論者

の登場により、南部では奴隷制擁護論が急浮上することになった。擁護論者は、奴隷制を「必要悪」として弁護するのではなく、「積極的な善」として正面から正当化した。その際に、アリストテレスの先天的奴隷人説や新約聖書の記述がしばしば用いられた。また人種学的擁護論にたち、黒人と白人との間には越えがたい優劣の溝があることを強調し、強力な人種差別意識をもとに、非奴隷所有階層の白人との団結までがはかられることもあった。

アメリカ奴隷制反対協会は、各地で講演会を開き、元奴隷らの経験を出版して、世論を喚起した。一八三八年に逃亡に成功し、のちに黒人指導者となるフレデリック・ダグラスも、同協会で講演者として研鑽を積み、最初の自伝『数奇なる奴隷の半生』(一八四五年)を刊行した。だが、アボリショニストは講演先でリンチや迫害に遭うこともしばしばだった。イリノイ州で奴隷制反対の新聞『オブザーヴァー』紙を発行していたエライジャ・P・ラヴジョイは、暴徒の手により印刷機を再三にわたって破壊されたあげく殺害されてしまった。

一方、北部の奴隷制廃止運動も内部に対立の火種を抱えていた。ノイズの完全主義を支持するボストンのギャリソン派は、神のみが唯一の審判者・統治者であるとの立場から、奴隷制に手を貸す米国政府からの離脱を宣言し、無政府主義的な立場へと向かった。これに対して、ギャリソン派の志向とは逆に、フィニーを支持するニューヨーク派は次第に政治活動へと重点を移し、一八三九年には最初の奴隷制反対政党である自由党を結成するに至った。ジャクソン時代の政治家たちが「箝口令《ギャグ・ルール》」（連邦議会に送付される奴隷制即時廃止論者の請願書を取り合わないで棚上げにする法令）でもって奴隷制問題を極力押さえつけようとする中で、奴隷制問題への関心を高め、政党再編のきっかけを作り、自由土地《フリー・ソイル》党誕生の糸口を与えたのは、このニューヨーク派の運動であった。つまり、一八五四年に結成される共和党の源流を辿れば、この改革運動に一つの起源があるということは知っておいていいだろう。

綿花王国《コットン・キングダム》の発展

市場革命が北部社会を大きく変貌させ、奴隷制廃止運動が本格的に展開し始めた時期、南部の奴隷制社会には何が起きていたのだろうか。

最初の恒久的植民地ジェイムズタウンの建設から一八〇八年の奴隷貿易の禁止を経て南北戦争までの期間に、合衆国に輸入ないし密輸入された黒人奴隷はせいぜい五〇万人余りにすぎない。しかし、一七七〇年代頃までには自然増による増加で、新規の受け入れなしでもやりくりできるほど奴隷人口は着実な伸びをみせていた。これは、大量の奴隷を使い捨て商品として消費し、常に新規の黒人奴隷の輸入が必要だった南米やカリブの奴隷制とは異なるところであった。不在地主の多いカリブのプランテーションでは、圧倒的に男性奴隷が多く自然増は望むべくもなかったが、合衆国では黒人女性の「産む性」としての搾取により、高い出生率が維持さ

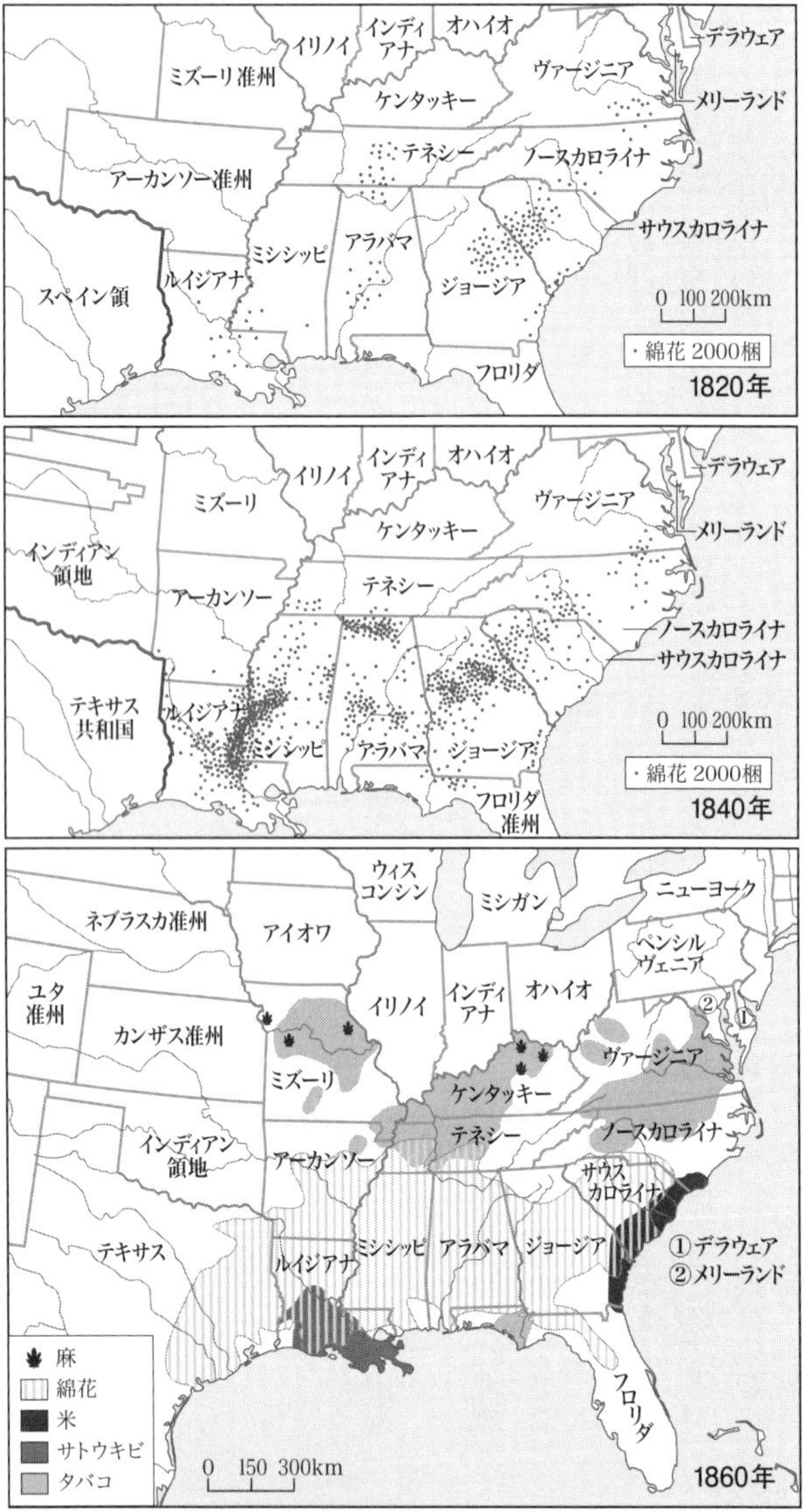

図 1-5 南部綿花王国の発展(1820–60 年)

れた。

建国後の政治を担ったヴァージニアの奴隷主にとって、奴隷制の未来とは決して明るいものではなかった。タバコ価格の低迷に加え、連作による土地の枯渇が激しく、重い負債を抱えるプランターが多かったからである。

図1-5(下段)が示すように、奴隷制プランテーションにおける主要作物は、地域ごとに麻、米、サトウキビ、タバコなど多様だった。だが、一八二〇年と一八四〇年の綿作中心地、綿花生産量の推移を示す図1-5(上・中段)が示すように、この間、綿花生産量が激増し、生産地は大西洋岸のサウスカロライナとジョージアの二州から、メキシコ湾岸のアラバマ、ミシシッピ、ルイジアナの三州へと低南部を横断するかたちで広がったことがわかる(テキサス州に綿花栽培が到達するのは一八五〇年代に入ってから)。

独立革命当時、綿花は、高価な長繊維の品種を栽培するシー・アイランド諸島のプランターにとってのみ有利な輸出作物だった。短繊維の綿花は内陸部でも栽培はできたが、粘着性の種子が繊維にからまり分離が難しかったため、市場向け商品としては不適だった。しかし、一七九三年、イーライ・ホイットニーが繊維から種子を取り除く機具、綿繰り機《コットン・ジン》を発明したことで、奴隷制は息を吹き返し、大西洋沿岸州から西に向かって急速に広まったのである。

綿花生産は、一九世紀中葉のグローバル資本主義の花形であり、全世界で約二〇〇〇万人の人々が綿花のグローバル・サプライに関わる仕事をしていた。一八四〇年には、南部の綿花生産高は世界の約六割にまで達した。綿花は、北部商人、とりわけニューヨークの海運業者を介して英国に送られ、ランカシャーなどの工場で織物に加工された。綿花価格はリヴァプールなどの外国市場で決定された。

主要商品作物がこの綿花生産へと集中する過程で、奴隷制が衰退傾向にあった大西洋沿岸州から低南部への奴隷の転売と移動が盛んに行われるようになった。大西洋沿岸州が、いわば「奴隷飼育業」とでも呼ぶべき役割を担い、健康な若い女性奴隷に多産を奨励し、ときには奴隷主たちによって奴隷たちの乱交も認められたという。一八三〇年から六〇年の三〇年間に、ヴァージニアからは三〇万人、メリーランドとケンタッキーからはそれぞれ七万五〇〇〇人、ノースカロライナから一〇万人、サウスカロライナから一七万人の奴隷が、「第二の中間航路《ミドル・パッセージ》」とでも呼ぶべき大移動を経験したのである。

図 1–6　奴隷貿易禁止後は，国内での奴隷の売買と移動(「第二の中間航路」)が盛んに行われるようになった(ルイス・ミラー作，1850 年代)

南部の白人社会構造

一九世紀南部の白人社会は、一八五〇年を例にとると、白人六一八万人のうち、奴隷所有者の戸主は僅か三五万人(南部白人人口の五・六%)で、家族を含めても、奴隷所有階級は白人全体の三分の一にすぎず、三分の二は奴隷を一人も所有しない非奴隷所有階層であった。

さらに、奴隷所有者を所有奴隷数で分類してみると、三五万人のうち、所有奴隷数一―四人の零細奴隷所有者が約一七万五〇〇〇人で半数を占め、二〇人以上の奴隷を所有するプランターは三万六〇〇〇人、一〇〇人以上となると南部全体でわずか一七〇〇人ほど(奴隷所有者全体の〇・四%)にすぎなかった。資本を土地と奴隷所有にのみ投資する南部社会にあっては、奴隷所有数が階級指標であり、この一握りの特権的な奴隷所有者――奴隷主寡頭制と呼ばれる――が南部の政治経済を完全に支配した。

しかし、大邸宅に住み、裕福な暮らしを送るプランターがみな、植民地時代に南部に移住してきたジェントリ階層の直系子孫というわけではなかった。むしろ、開拓農民の子として生まれ、大統領となったアンドリュー・ジャクソンや南部連合大統領になるジェファソン・デイヴィスに代表されるように、短期間で財をなし成り上がった、たたきあげの男であることのほうが多かった。

「騎士道」を重んじ、侮辱は決闘で晴らすといった貴族趣味的生活様式は、北部のデモクラシー社会とは対極をなすものであり、こうした南部独特の風習は南北戦争後に「失われた大義」の文化の中で守られていくことになる。

奴隷を所有しない自営農は、高南部に多く、アパラチア山脈の山麓地帯が代表的な居住地であった。また、南部白人社会の最下層には、貧困白人《プア・ホワイト》がおり、「白人の屑《ホワイト・トラッシュ》」の蔑称を持った。

Sale of Slaves and Stock.

The Negroes and Stock listed below, are a Prime Lot, and belong to the ESTATE OF THE LATE LUTHER McGOWAN, and will be sold on Monday, Sept. 22nd, 1852, at the Fair Grounds, in Savannah. Georgia. at 1:00 P. M. The Negroes will be taken to the grounds two days previous to the Sale, so that they may be inspected by prospective buyers.

On account of the low prices listed below, they will be sold for cash only, and must be taken into custody within two hours after sale.

No.	Name.	Age	Remarks.	Price.
1	Lunesta	27	Prime Rice Planter,	$1,275.00
2	Violet	16	Housework and Nursemaid,	900.00
3	Lizzie	30	Rice, Unsound,	300.00
4	Minda	27	Cotton, Prime Woman,	1,200.00
5	Adam	28	Cotton, Prime Young Man,	1,100.00
6	Abel	41	Rice Hand, Eyesight Poor,	675.00
7	Tanney	22	Prime Cotton Hand,	950.00
8	Flementina	39	Good Cook. Stiff Knee,	400.00
9	Lanney	34	Prime Cottom Man,	1,000.00
10	Sally	10	Handy in Kitchen,	675.00
11	Maccabey	35	Prime Man, Fair Carpenter,	980.00
12	Dorcas Judy	25	Seamstress, Handy in House,	800.00
13	Happy	60	Blacksmith,	575.00
14	Mowden	15	Prime Cotton Boy,	700.00
15	Bills	21	Handy with Mules,	900.00
16	Theopolis	39	Rice Hand, Gets Fits,	575.00
17	Coolidge	29	Rice Hand and Blacksmith,	1,275.00
18	Bessie	69	Infirm, Sews,	250.00
19	Infant	1	Strong Likely Boy	400.00
20	Samson	41	Prime Man, Good with Stock,	975.00
21	Callie May	27	Prime Woman, Rice,	1,000.00
22	Honey	14	Prime Girl, Hearing Poor,	850.00
23	Angelina	16	Prime Girl, House or Field,	1,000.00
24	Virgil	21	Prime Field Hand,	1,100.00
25	Tom	40	Rice Hand, Lame Leg,	750.00
26	Noble	11	Handy Boy,	900.00
27	Judge Lesh	55	Prime Blacksmith,	800.00
28	Booster	43	Fair Mason, Unsound,	600.00
29	Big Kate	37	Housekeeper and Nurse,	950.00
30	Melie Ann	19	Housework, Smart Yellow Girl,	1,250.00
31	Deacon	26	Prime Rice Hand,	1,000.00
32	Coming	19	Prime Cotton Hand,	1,000.00
33	Mabel	47	Prime Cotton Hand,	800.00
34	Uncle Tim	60	Fair Hand with Mules,	600.00
35	Abe	27	Prime Cotton Hand,	1,000.00
36	Tennes	29	Prime Rice Hand and Cocahman,	1,250.00

There will also be offered at this sale, twenty head of Horses and Mules with harness, along with thirty head of Prime Cattle. Slaves will be sold separate, or in lots, as best suits the purchaser. Sale will be held rain or shine.

図 1–7　奴隷オークションのポスター(ジョージア州, 1852 年)

黒人奴隷の生活世界

南部プランテーションの黒人奴隷の大部分は、夜明けから日没まで働く耕作奴隷で、ほかには家内奴隷(召使、料理人、乳母、御者など)や職人奴隷(大工、鍛冶屋)などがいた。

図1–7は、ジョージア州の奴隷農園で戸主が亡くなり、奴隷と家畜がオークションにかけられたときのポスターである。三六人の奴隷の名前、年齢、特徴、そして価格が掲載されてい

る。キャプションには、一人でも複数人でも購入可能と書かれており、母親、父親、子どもが別の農園に売却されることも想定されていたこと、つまり奴隷たちに家族を維持する権利が認められていなかったことがわかる。また、価格帯をみると、一〇〇〇ドルを超える奴隷(男女含む)が一三人おり、高値で取引されていたことがわかる。

このような奴隷オークションの膨大な史料から奴隷価格の推移を知ることができる。耕作奴隷の場合、一七九〇年代に三〇〇—四〇〇ドルであった価格が、一八五〇年代に一五〇〇—二〇〇〇ドルへと急上昇している。

6　「帝国」への胎動——テキサス併合とアメリカ・メキシコ戦争

「明白な運命《マニフェスト・デスティニー》」とテキサス併合問題

一八四〇年代、アメリカはルイジアナ購入(一八〇三年)以来の領土拡張の時代を迎えた。図1-8のように、テキサス(一八四五年)、オレゴン(一八四六年)、そしてカリフォルニア、ニューメキシコ(一八四八年)を含む広大な領土を獲得し、大西洋岸から太平洋岸へと至る大陸国家となっていく。その立役者は、アンドリュー・ジャクソンと同じテネシー出身で民主党の第一一代大統領ジェイムズ・K・ポーク(任期一八四五—四九年)であった

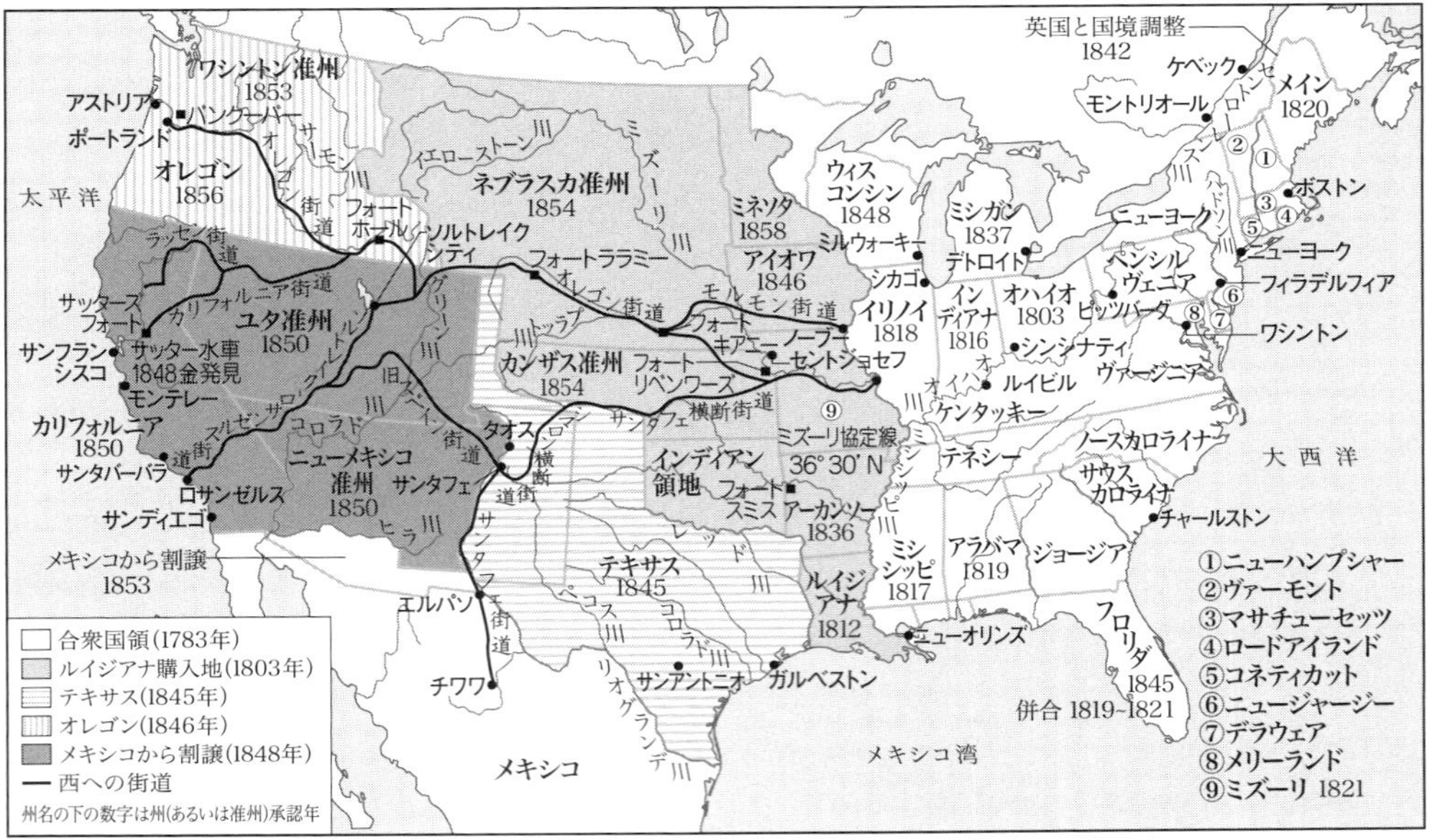

図 1-8 西部への拡張(1800–60 年)

この時代を象徴する「明白な運命《マニフェスト・デスティニー》」という言葉は、民主党員のジャーナリスト、ジョン・L・オサリヴァン（一八一三―九五）の「併合論」（『デモクラティック・レビュー』一八四五年七・八月号）において最初に使われた。オサリヴァンは、「年々増加する何百万人ものわが国民の自由な発展のために、神が与えて下さったこの大陸をおおってわれわれが拡大していくことは明白な運命」（傍点著者）だと述べ、テキサス併合を神意による国民の使命だとした。

図 **1-9**　「アメリカの進歩」（ジョン・ガスト作, 1872 年）

では、この領土拡張はどのように進んだのだろうか。

最初に、領土拡張の狙い目となったのは、メキシコ領のテキサスであった。地理的には、現在のテキサス州全域に、オクラホマ、カンザス、コロラド、ワイオミング、ニューメキシコの一部を含んだ地域である。一八二一年にスペインから独立したメキシコ新政府は、豊かではあるが本国から遠い北方のこの地域の開発のため、この地域に二〇〇世帯以上の家族を連れてくることに合意したエンプレサリオと呼ばれる入植者たちに広大な土地を無償で与える入植奨励策を打ち出した。

この政策が米国南西部諸州のプランターや開拓農民を

惹きつけ、一八三〇年までに二万二〇〇〇人（黒人奴隷約二〇〇〇人を含む）、一八三五年までに三万五〇〇〇人のアメリカ人がテキサスの住人となった。

メキシコの法律では、入植はカトリックへの改宗が条件であり、黒人奴隷の導入も禁止されていた。だが、奴隷所有者の多いアメリカ人入植者は地元の法律を無視し、先住のメキシコ人と対立を深めていった。三〇年四月になって米国人の移住が禁止されたが効果はなかった。かくして、アメリカとメキシコの双方にとってのフロンティアであるテキサスでの衝突は不可避のものとなった。

テキサスに入植したアメリカ人は、一八三六年三月二日、メキシコからの独立を宣言した。だが、三月六日、サンアントニオのアラモ砦で、二〇〇人足らずのテキサス人部隊はメキシコ軍の攻撃を受け全滅した。しかし、四月二一日のサンハシント川の戦いではテキサス軍が「アラモを忘れるな」を合い言葉に、メキシコ軍に大勝した。こうしてテキサス入植者は三六年一〇月、テキサス軍を指揮したサム・ヒューストン（アンドリュー・ジャクソンの友人で、テネシー州前知事）を大統領に選びテキサス共和国を発足させ、合衆国に対しテキサス共和国を奴隷州の一つとして併合してほしいと打診してきた。

南部人は併合を望んだが、奴隷制廃止論者や多くの北部人、ホイッグ党員はこれに反対した。メキシコとの戦争勃発の可能性もあったため、ジャクソン大統領はテキサス承認を先送りし、次のヴァンビューレン大統領も併合には慎重な姿勢をとった。

合衆国政府に併合を拒絶されたテキサス人のなかには、イギリス政府と結び、テキサス共和国の領地を太平洋岸にまで拡張すべきだと主張する者まで出てきた。こうした可能性を憂慮し、タイラー政権ではカルフーン国務長官の努力により、一八四四年四月になってテキサス併合条約の調印へとこぎつけた。しかし、奴隷州増加への北部議員の反発は大きく、同年六月、連邦上院に上程されたテキサス併合条約は、賛成一六票、反対三五票で否決された。

オレゴン熱と国境線論争

南部人がテキサス入植に関心を持ち始めた頃、西部や北部の人々の関心はロッキー山脈のかなたの太平洋岸、オレゴン（現在のワシントン州を含む）に注がれていた。ルイス・クラーク探検隊（一八〇四年五月―一八〇六年九月）が踏査した太平洋岸オレゴンの情報をもとに、ボストンの学校教師ホール・ケリーが多くの書籍を刊行し、オレゴンを「新たなる丘の上の町」と喧伝したのがきっかけであった。それ以降、ビーバーの毛皮をもとめてやってきた毛皮会社に加えて、先住民の伝道活動のためメソディストの宣教師が入り、彼らは白人入植者のために教会を建てた。

宣教師らがこの太平洋岸の豊かさ、美しさを描いた報告書がきっかけで、一八四一年以降、

「オレゴン熱」が起こった。移住者が何百台もの幌《ほろ》馬車を連ねてミズーリ州のインディペンデンスを起点に、全行程三二〇〇キロのオレゴン街道《トレイル》を半年かけて踏破し、一八五〇年頃には、一万一五〇〇人の開拓者が住み着いた。

この地域は、一八一八年以来、英米間の条約で共同領有地となっており、ゴールド・ラッシュまでは、メキシコ領のカリフォルニアに勝る人気の地であり、開拓者は一〇対一の割合でオレゴンを選んだ（一九世紀後半になるとカリフォルニアへの流入者がオレゴンを圧倒していった）。

英米二国が共同保有するオレゴンにどのような国境線を引くかという問題は、長年の懸案事項であった。ジョン・Q・アダムズ大統領は、自然の良港ピュージェット湾（現在のワシントン州）を獲得して、太平洋岸に海軍基地と中国貿易の拠点をつくる構想をもっており、北緯四九度線を主張したが、イギリス側はこの提案に応じなかった。しかし、アメリカ側の要求は年々強硬路線となり、一八四三年には北緯五四度四〇分まで、つまりオレゴン全域を獲得せよとの声すらでてきた。

一八四四年大統領選――ポーク大統領の公約

テキサス併合問題とオレゴン問題が浮上する中、一八四四年、大統領選の年を迎えた。ホイッグ、民主の二大政党の指導者、クレイとヴァンビューレンは、テキサス併合反対の立場を表明し、選挙戦の争点としない方針だった。

しかし、民主党全国大会において、当初、有力視されていたヴァンビューレンが「ダークホース」のジェイムズ・ポークに指名争いで敗れると、民主党は一転、全オレゴンの獲得とテキサス併合を選挙スローガンに掲げて選挙戦を戦った。「明白な運命」論が国民の間に、膨張主義の熱狂を巻き起こしていた時期でもあり、大統領選はポークが一七〇票、クレイが一〇五票の選挙人票を獲得し、ポークが勝利した。

ポーク大統領は、テキサス併合とオレゴン獲得という公約実現にむけて迅速に動き出した。テキサス併合については、膨張主義を支持する国民の声に後押しされて、連邦議会において上下両院の共同決議で承認する提案がなされ、同決議案は賛成多数で承認された。これにより、一八四五年一二月、テキサスの奴隷州としての連邦加入が実現した。

テキサス併合によりメキシコとの戦争勃発の可能性が高まったため、オレゴン問題では、ピュージェット湾の獲得を確実なものにするために、四九度線での妥協案がイギリス側に提案された。しかし、四五年七月、イギリス側がこれを拒否すると、ポークは五四度四〇分の強硬路線に立ち戻り、同年一二月の最初の年次教書で「この大陸の住民のみが自らの運命を決定する権利を有している。……南北アメリカ大陸は……今後ヨーロッパ列強の植民の対象とみなされるべきではない」として、モンロー主義の原則を再表明した。

翌四六年四月には、連邦議会はオレゴン単独領有の決議案を成立させ、六月の英米協議において、北緯四九度線を境界線とすることで最終的な合意に達した（オレゴン条約）。これにより、米国は現在のオレゴン州、ワシントン州、およびアイダホ州の全土と、ワイオミング州とモンタナ州の一部を獲得し、初めて太平洋岸に領土を獲得した。

アメリカ・メキシコ戦争

ポーク大統領の領土拡大の試みは、テキサス共和国が支配地として主張していた地域に加えて、カリフォルニアとニューメキシコをも射程に入れ、メキシコ政府との交渉が開始された。一八四五年一一月、ポークは特使をメキシコに派遣して、リオグランデ川までをテキサス領（メキシコ側はヌエセス川までと主張）とすることと、同時にカリフォルニアとニューメキシコを二五〇〇万ドルで買収することを提案した。しかし、これを四六年一月にメキシコ政府が拒絶すると、四月二五日のリオグランデ川での戦闘を機に、米国は五月一三日、メキシコに宣戦布告した。アメリカ軍は、一八四六年の夏にサンタフェを攻略した後、カリフォルニア全域を掌握し、翌年三月にはベラクルスを陥落、九月にはメキシコシティを制圧した。

北米大陸でのこの大規模な戦闘は、フランスが七年戦争で敗れて以来のものとなり、戦争をめぐる評価は大きく割れた。南西部の住民が熱狂的に支持したのに対して、ニューイングラン

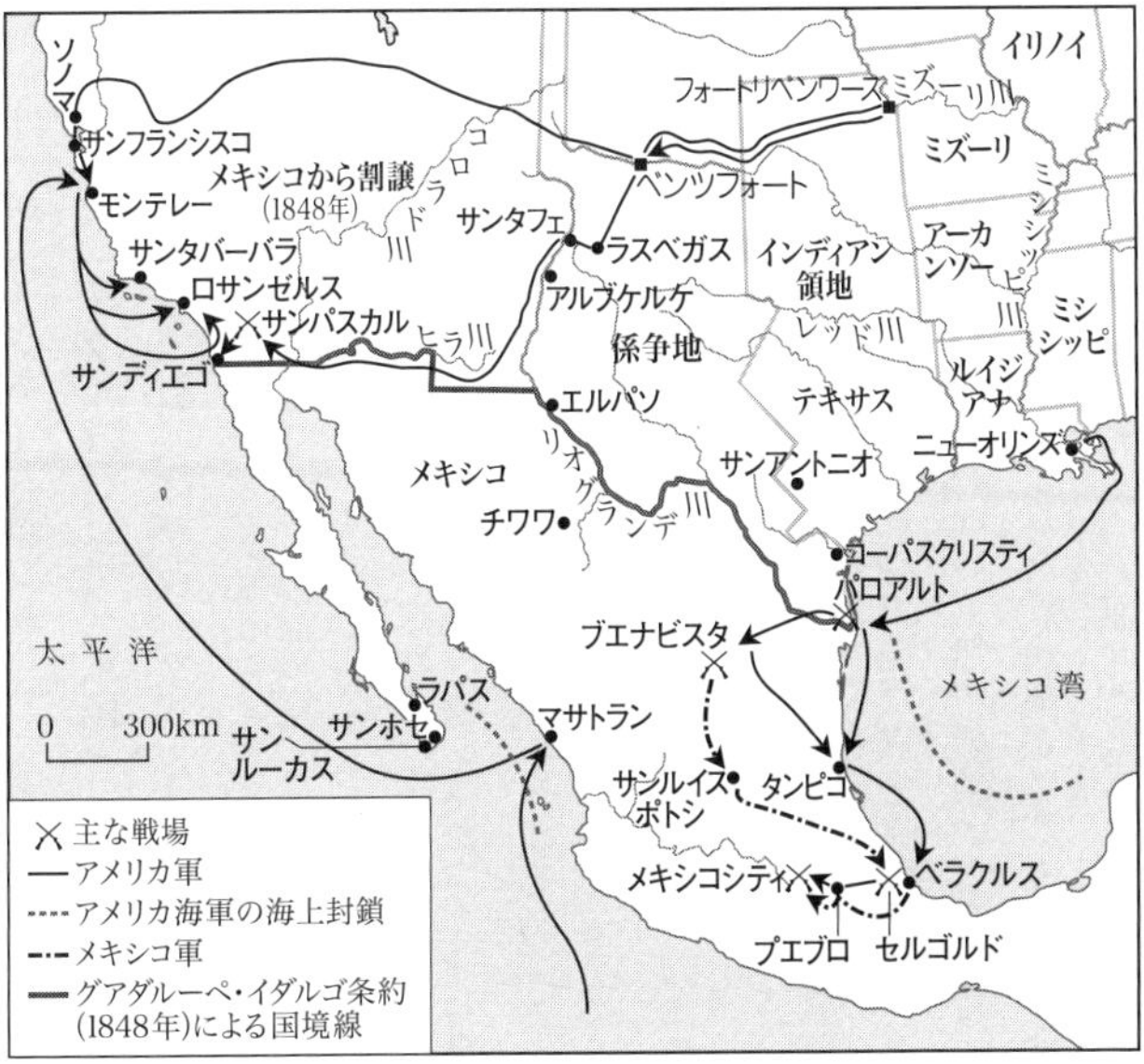

図 **1–10**　アメリカ・メキシコ戦争(1846–48 年)

ドの住民は断固反対の立場をとった。アメリカの作家ヘンリー・デイヴィッド・ソローは、合衆国政府が「戦争と奴隷制をやめない」ことに異議申し立てをし、「市民的不服従」の実践として税金の支払いを拒み、投獄された。一八四六年八月には、民主党下院議員のデイヴィッド・ウィルモットがメキシコから獲得した領土では奴隷制を禁止すべきとの提案をし、下院で可決されたものの、上院では南部議員らの反対により否決された(ウィルモット条項)。

最終的に、アメリカ・メキシコ戦争で、米軍には一万三〇〇〇人、メキシコ軍には五万人の戦死者が出た。

戦争はメキシコシティ占領によって、終結へと向かった。一八四八年二月二日、首都郊外のグアダルーペ・イダルゴ村にて、米国とメキシコとの平和条約(グアダルーペ・イダルゴ条約)が締結され、メキシコはリオグランデ川以北をテキサス領(合衆国領)として認め、あらたにカリフォルニアとニューメキシコ(現在のネバダ州、ユタ州、アリゾナ州)を一五〇〇万ドルで譲渡することに合意した。

大陸国家の完成――ゴールド・ラッシュがつくった世界

最後に、大陸国家誕生の歴史的意義をまとめておこう。

これまでのアメリカ合衆国の一国史の枠組みでは、東部一三州から始まった新興国家が独立後の領土買収、フロンティア開拓の結果、最終的にカリフォルニアを領有し大陸国家となる、西漸運動に貫かれた国民史の語りの中で大陸国家への道程は描かれてきた。

だが、太平洋へとついに到達したこの大陸国家が、トマス・ジェファソンが主張した「自由の帝国」の青写真とも重なっていた点を見落とすべきではない。独立自営農民入植のためのフロンティアを所有者のいない「無主の地」と定めることで、アメリカ人はこの領土拡大に自由とデモクラシーの拡大をみた。西部とは、大陸大に拡大することを「神によって定められた」アメリカが「帝国」となった証を刻む土地であり、「自由身分に生まれたアメリカ人」にとっての国民的神話の空間であった。この大陸国家構想は、アメリカの太平洋への進出の夢と早い段階から共振していた。建国期から中国貿易で利潤をあげていたニューイングランドの商人らは、広東、ハワイ、東海岸を結ぶ商業ネットワークの形成を求め、一八四〇年代には大陸横断鉄道建設のロビー活動を開始していた。

カリフォルニアが併合時まで「無主の地」であったわけではない。アメリカ史ではフロンティア消滅の一八九〇年までを国内の西部開拓、経済開発に専心した時代と捉える傾向にあるが、一九世紀前半のアメリカの領土拡大は、アメリカ帝国の膨張そのものであり、ヨーロッパとの植民地争奪戦の一部であった。アメリカの領土拡大の歴史が、大陸国家としての国民国家形成(nation-state building)の過程であると同時に、「帝国」としてのアメリカ形成(empire building)の過程であった点を忘れてはならないのである。

次章で述べるゴールド・ラッシュに惹きつけられ世界中からカリフォルニアへと到達した三〇万人の移住者の人流を詳細に、いつ、どのような順番で、どのような交通手段でやってきたのかを調査すると、興味深いことがわかる。実は、最初期に到着した金鉱掘りは海外組が多数を占め、その内訳はハワイ、チリ、ペルー、中国などで、太平洋を往来していた商船や捕鯨、ラッコ猟の船が伝えた情報のほうが、東海岸やヨーロッパへの流布よりも早かった。つまり、カリフォルニア領有による大陸国家の完成という物語とは裏腹に、実際には西海岸へは陸路、幌馬車による到着は難しく、西海岸は隔絶された陸の孤島状態であったことが浮き彫りになる。

つまり、西漸運動に貫かれた国民史の最終章に登場する都市と語られてきたサンフランシスコは、三〇〇年にわたるスペイン支配下でラテンアメリカに張りめぐらされた交易ネットワークと、より強くつながっていたのである。サンフランシスコは、太平洋岸の海のネットワークにおいて、フィリピンのマニラとのガレオン貿易の重要な拠点であったメキシコのアカプルコと歴史的に深いつながりを持ち、スペインの植民地活動で前線基地の役割を果たしていたパナマともつながっていた。それゆえに、金鉱掘りのために作られた地図(図1-11)では、南米ホーン岬経由のルートや、アメリカ資本で地峡鉄道(西半球における最初の大陸横断鉄道。一八五五年完成)がのちに建設された中米パナマの地峡ルートなど、海のネットワークが旅人に推奨されている。

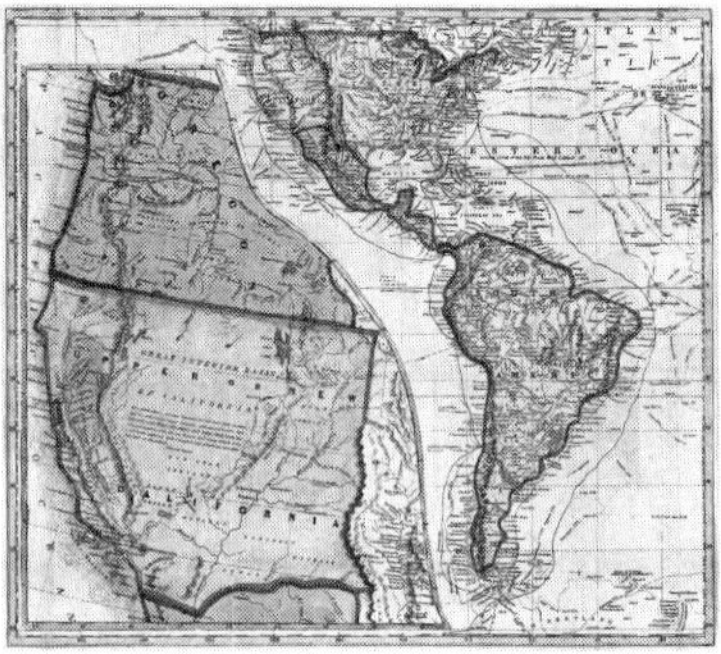

図 **1-11**　カリフォルニアの金鉱を目指す人々向けに作られた地図(1849年). パナマ地峡ルート, 南米最南端ホーン岬経由の海路, 大陸横断の陸路など, 各ルート利用時の注意点が記されている

アジアと西海岸とを結ぶ海のネットワークに関しては、一八五四年に締結された日米和親条約のアメリカ側の動機が、香港と西海岸を結ぶ商船や北太平洋を操業域とした捕鯨船の補給の

ための寄港地確保であったことは周知の通りである。黒船という蒸気船が日本にもたらした近代の扉は、太平洋を挟んだ港湾都市サンフランシスコともつながっていたのである。

第二章　南北戦争

ゲティスバーグの戦い(『ハーパーズ・ウィークリー』1863年8月8日号)

1　連邦の分裂

奴隷制をめぐる対立

アメリカ合衆国は、アメリカ・メキシコ戦争によってカリフォルニア、ニューメキシコなどの広大な領域を獲得した。環大西洋世界で産声をあげたこの国家は、一九世紀半ばには太平洋へと到達し、巨大な大陸国家となったのである。

しかし、この版図拡大は同時に、深刻な政治課題をもたらした。すなわち、メキシコから割譲させた新たな西部領土をどのようなかたちで連邦に組み込むかをめぐって対立が生じ、ミズーリ妥協（一八二〇年）によって維持されてきた自由州と奴隷州とのあいだの微妙な政治バランス（一五州ずつの同数）を揺さぶる契機となったのである。

前章で述べたように、南部の綿花産業は、一八世紀末のイーライ・ホイットニーによる綿繰り機の発明以降、生産量を増加させ始め、一八五〇年代には、合衆国の綿花供給量は全世界の四分の三を占めるに至った。これにともなって奴隷労働力の需要も増大し、黒人奴隷制は南部

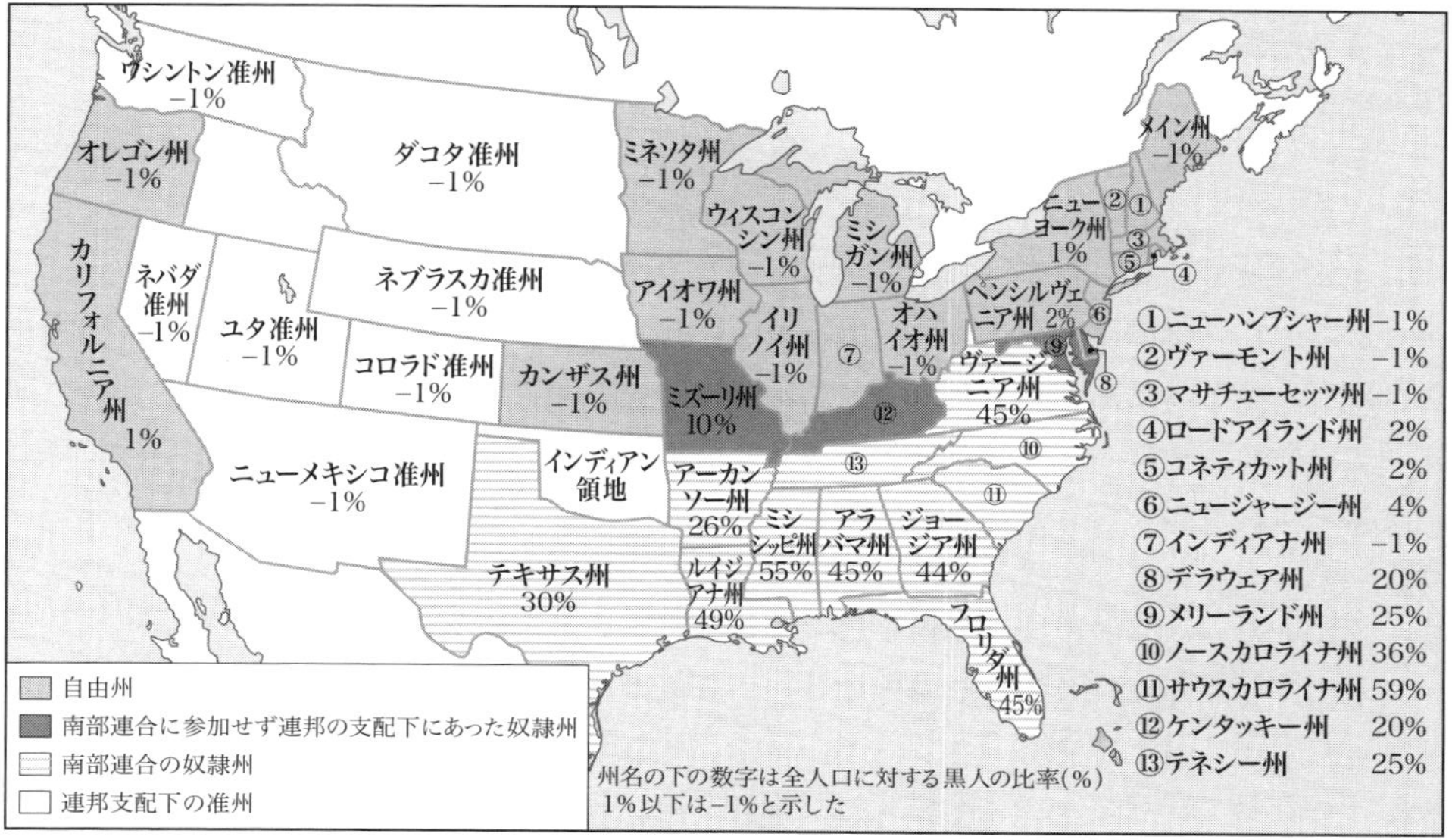

図 **2-1**　南北戦争勃発時の自由州と奴隷州

の経済システムにとってますます不可欠なものとなっていた。一八〇〇年に約九〇万であった黒人奴隷人口は、約三二〇万(一八五〇年)、さらに約四〇〇万(一八六〇年)と、増加の一途をたどっていた。

この奴隷制を、西部に広がる新領土にも適用するのかどうかが焦点となったわけだが、この時期、アメリカには北ヨーロッパからの移民が殺到し始めていた点を忘れてはならない。次項でまとめて述べるが、移民国家アメリカへの胎動が始まったのである。ルイジアナ購入で得たまだ准州へと組織されていない肥沃な土地を、奴隷農園とするのか。はたまた、ヨーロッパからの移住者が独立自営農民となるための「自由な土地」とするのか。それが問われていた。

折しもカリフォルニアでは、一八四八年一月二四日にサクラメント渓谷で砂金が発見された。翌年の四九年だけで、六〇〇以上の船が来港し、九万余の人々が押し寄せた。いわゆるゴールド・ラッシュである。発見直後の二月二日にグアダルーペ・イダルゴ条約でカリフォルニアは正式にメキシコから割譲されるが、当時のザカリー・テイラー大統領(ホイッグ党)は、ニューメキシコとカリフォルニアという広大な二つの州を誕生させることを明言した。

一八一二年戦争、ブラック・ホーク戦争、第二次セミノール戦争、アメリカ・メキシコ戦争など四〇年以上の陸軍歴を持つテイラーは、「老荒武者」とあだ名される大統領。ヴァージニア出身で奴隷所有者でもあった。そんな大統領が、カリフォルニアのみならず、ニューメキシコまで自由州として昇格させる提案をしたことに、南部の奴隷制支持者は怒り落胆した。連邦からの離脱を構想する南部民主党の過激分子ファイヤー・イーターズ(the Fire-Eaters)が存在感を見せ始めるきっかけとなる。

カリフォルニアが自由州としての州昇格を要請するため開催した一八四九年の憲法制定会議では、代表者は満場一致で「犯罪の罰則目的を除いて、いかなる場合にも奴隷制と不自由労働を同州では認めない」という条項を採択した。また自由黒人の定住を禁止する法案や、黒人奴隷を解放目的でカリフォルニアに移送することを禁止する法案が提出された。世界中からの移民を受け入れるカリフォルニアは、移民達の「自由な土地」でなくてはならなかったのである。

南部の奴隷制支持者は、ニューメキシコを奴隷州として連邦加入させる戦術で対抗することを決めたが、移民流入の少ないニューメキシコの州昇格の時期は読めなかった。ここで、連邦議会は政治的妥協を模索し始め、一つの妥協案を提示した。ホイッグ党のヘンリー・クレイの提案をもとにした「一八五〇年の妥協」である。

この妥協案は五つの柱からなる。第一に、カリフォルニアについては自由州として連邦加入することを認める。第二に、ニューメキシコとユタは准州となるが、州昇格にあたっては住民自らが奴隷制の是非を決定する(「住民主権」と呼ばれる。だが、実際に両州が州に昇格したのは南北戦争後。ニューメキシコは一九一二年一月〈四七番目〉、ユタは一八九六年一月〈四五番目〉に昇格)。第三

図 2–2　ハリエット・タブマン（1871–76 年頃）

に、テキサスから出されていた州境拡大の要求は認めないが、そのかわりテキサスがメキシコからの独立運動で負った負債一〇〇〇万ドルは連邦政府が肩代わりする。第四に、首都ワシントンでの奴隷取引は禁止、ただし当地での奴隷制そのものは保障される。第五に、より強力な逃亡奴隷法の制定であった。

四番目は、北部の奴隷制廃止論者の請願に応えたものだったが、五番目は、憲法第四条第二節に基づいて、一七九三年に制定された逃亡奴隷法を実効あるものに強化する内容で、南部奴隷主階級の政治力を尊重した内容となった。

この妥協により、当面の危機は回避された。しかし、提案は明らかに政治的妥協の産物であり、ホイッグ・民主の二大政党にもはやこの難題を解決する能力がないことが露呈した。

こうした政局混迷の傍らで、前章でもふれた奴隷制即時廃止《アボリショニズム》運動は北部を中心にさらなる高まりをみせていた。奴隷州から自由州へと向かう逃亡奴隷の援助をする「地下鉄道（アンダーグラウンド・レイルロード）」運動が活発化し、「駅」（隠れ家）、「車掌」（道案内）、「輸送手段」（馬車など）が周到に準備され、多くの活動家が危険を冒して南部に出向き、救出活動を組織的に展開したのである。なかでも、自らも逃亡奴隷であった黒人女性ハリエット・タブマン(一八二〇—一九一三)は、南部各地に一九回にわたって進入し、奴隷救出活動を実行し三〇〇人以上を救出、「女モーゼ」と呼ばれた。また、ハリエット・ストウ(一八一一—九六)は、一八五二年に『アンクル・トムの小屋』を出版し、その年のうちに三〇万部以上を売りつくしベストセラー作家となった。同書は奴隷制の非人道性を描き、北部人の共感をかき立てたが、執筆の動機は上述の逃亡奴隷法強化への怒りであった。

高まる南北の緊張——カンザス・ネブラスカ法の制定

南北の緊張がにわかに高まる中、一八五四年にはカンザス・ネブラスカ法が制定される。

この法律成立の背景として、まず強調されなければならないのは、ヨーロッパからの移民移住者の波がいよいよルイジアナ購入で獲得した、肥沃な土地に押し寄せてきたということである。西部の公有地払い下げを自由化し、移民に一定の条件下で土地を無償で払い下げるホームステッド(自営農地)法の構想は五〇年代からあり、西部開拓民からは圧倒的な支持を得ていた。だが、認めれば自由州の拡大は阻止できぬことを知る南部諸州は挙《こぞ》って反対し、成立は連邦議会に南部議員が不在であった、南北戦争中の一八六二年まで延期された。

前章で論じたように、市場革命の時代に、東海岸からミシシッピまでの鉄道の幹線は完成しており、次はロッキー山脈を越え、ゴールド・ラッシュに沸くカリフォルニアへと至る大陸横断鉄道を建設するのが課題だった。カンザス・ネブラスカ法の原案であるネブラスカ准州創立法案を提案したのは、イリノイ州選出の民主党上院議員スティーヴン・ダグラス(一八一三―六一)である。大陸横断鉄道には、ニューオリンズを起点にニューメキシコを通る南部ルートなど、いくつかの候補があったが、ダグラスは地盤とするシカゴを通る中西部ルートを推奨していた。ルイジアナ購入で獲得した領地をほぼ含む広大なネブラスカ准州に鉄道が通れば、移民の移住が促進されると考えた。

だが、同法案は南部議員の反対にあい、修正を余儀なくされた。次期大統領選で民主党大統領候補を狙うダグラスは、南部議員の支持を得る目的で、修正法案を再提出した。それが五四年に可決されたカンザス・ネブラスカ法である。同法案は、アイオワの西の地域をネブラスカ、ミズーリの西の地域をカンザスという二つの准州に組織して移住者を募り、その地でも上述のメキシコからの割譲地に適用された住民主権の原則を採用するというものだった。

同法案は南部議員の全面的な支持を得て成立した。カンザスとネブラスカはいずれも、ミズーリ妥協で定められた北緯三六度三〇分の北側に位置しており、原則に従えば奴隷制を導入することは不可能なはずだった。しかし、同法により、これら西部にも奴隷制が拡大する可能性がでてきたことは、北部社会に不安を募らせた。住民主権の原則は、後述する「流血のカンザス」に端的にみられるように、奴隷制問題をさらに解決不能な難題とするのである。

移民国家への胎動——政党再編と共和党の成立

ここで奴隷問題から離れて、アンテベラム期のアメリカ社会をみるもう一つの重要な視点、「移民国家」アメリカについて整理しておきたい。南北戦争の奴隷解放に至る歴史を検証するうえで黒人史のみに焦点をあてていては、一九世紀のアメリカ史を理解することはできない。

一八五〇年代の奴隷制問題で揺れるアメリカは、長い目でみれば、奴隷労働に依存した奴隷国家から、自由労働者からなる移民国家に向けての移行期に入っていた。一八二〇年代以来の民主党とホイッグ党による第二次政党制がこの時代に崩れ、ノーナッシング党や自由土地党、共和党のような新しい政党が台頭し、政党再編が行われたのは、奴隷解放後のアメリカ社会、移民中心の自由労働者の世界の政治の受け皿となる政党をめぐる攻防でもあった。

第一巻では、独立革命により、かつては両立していた各植民地人としての意識と「イギリス人」としての意識が引き裂かれ、旧イギリス臣民が「アメリカ人」としての新しいアイデンティティを持つまでには時間がかかったことが述べられている。そのような国が、すぐに「移民」受け入れには向かわなかったのだ。

「移民国家」と言われるアメリカであるが、実は独立直後から最初の移民統計がとられる一八二〇年までの約四〇年間では、わずか二五万人ほどの移民しか入国していない。アメリカで最初に移民の大波が押し寄せたのは、葉枯病の蔓延によるジャガイモ飢饉（一八四五―四九年）の影響でアイルランド系移民が急増したときである。北ヨーロッパからの移民は一八四八年革命の影響でドイツ系移民が増え、カリフォルニアにはゴールド・ラッシュを契機に世界中の移民が殺到したが、そこには少数ながら中国人移民もいた。

一八二〇年から六〇年の移民の総計は五〇〇万人に達し、南北戦争時代の六〇年代は移民が減少するものの、八〇年代には五二五万人が入国した。出身地別でみると、八〇年代まではアイルランド、イギリス、ドイツ、オランダ、北欧諸国からの移民が中心だった。しかし、八〇年代から増え始めたポーランド、ハンガリー、イタリア、ロシアなど南・東欧からの移民は、九〇年代になると北・西欧からの移民数をはるかに凌駕するようになった。

この移民の大量流入により、アメリカの主要都市では外国生まれ人口が急増し、国民と外国人という二分法的な国民意識が醸成され、排外主義が広がった。アメリカ社会には、貧困問題、伝染病、犯罪の増加など、これまで経験したことのない社会問題が生まれ、文化的・経済的軋《あつ》轢《れき》が生まれた。

一八五〇年代初頭から、ニューイングランドでは、アメリカ生まれの市民による移民排斥、ネイティヴィズムの運動が噴出した。反アイルランド、反カトリックの運動は、それを政治綱領に盛り込んだノーナッシング党の隆盛を生んだ。正式名称をアメリカン・パーティというこの政党は、一八四〇年代に秘密結社として結成され、メンバーが組織について聞かれたときには、I Know Nothing と答えたのがこの俗称の由来と言われる。ノーナッシング党が政治の表舞台に躍り出たのは、一八五四年の中間選挙であった。彼らの綱領は、アイルランド人移民の公職からの排除、帰化の条件である居住年限を二一年に延長するなどの帰化法の改正要求といった、排外主義を核としていた。

こうした移民流入という新しい事態への既存政党の対応は、実に多様だった。民主党は早くから都市の移民集団を票田とみなし、のちのマシーン政治の礎を築いた。ニューヨークの「タマニー・ホール」が有名であるが、アメリカ社会に馴染めない移民たちに民主党への投票と引き換えに、職を斡旋するなどして便宜を図った。

全国政党の一翼、ホイッグ党は、第一二代のテイラーに続き、日本ではペリーを浦賀に派遣した大統領として知られる、第一三代ミラード・フィルモア(任期一八五〇―五三年)を誕生させた。だが、五〇年代には奴隷制をめぐる支持派と反対派の党内対立が激しくなり、党のまとめ役であったヘンリー・クレイの死後は、北部ホイッグはほぼ共和党へ移り、党は解党することとなった。

こうした大量の移民流入による社会的混乱と、カンザス・ネブラスカ法成立後の政治的混乱のなか、反奴隷制、反民主党の勢力を結集した新党、共和党(Republican Party)が一八五四年に誕生した。共和党には、北部ホイッグ党員や一八四八年に結党された自由土地党のメンバーを中心にさまざまな勢力が結集した。なかには、西部への奴隷制拡大に反対して民主党を離党した者、ノーナッシング党からの参加者もあった。共和党は奴隷制拡大阻止を政治スローガンに掲げた政党として知られるが、スローガンは「自由な土地、自由な労働、自由な人間」であり、自由土地党のそれを継承している。

共和党のリンカン大統領は、積極的な移民奨励策を打ち出した最初の政権である。六四年の共和党綱領では、「あらゆる国の抑圧されし者の避難所」という移民国家アメリカの常套句を登場させている。具体的には、銀行家や鉄道会社、農業関係者らが中心となり、ヨーロッパ諸国からの移民を募集するための移民斡旋会社が作られ、ヨーロッパのアメリカ領事が広報活動を大々的に展開した。一八六三年に設立されたアメリカ移民会社(The American Emigrant Company)や外国移民援助協会(The Foreign Emigrant Aid Society)がそれである。

一八六四年には、国務省内に連邦初の移民局長官のポストが設けられ、ニューヨーク市の合衆国移民オフィスの業務を監督した。ちなみに、エリス島の連邦移民入国管理施設ができる以前は、マンハッタン島南端のキャッスル・ガーデンが移民受入業務を担っていた。

こうして共和党は、移民奨励策をとり、反奴隷制の主張を「自由な労働」と「自由な土地」

という自由労働イデオロギーとして提示することで、西部の農民や東部のアメリカ生まれの白人労働者を惹きつけ、支持層拡大に成功したのだ。

自由労働イデオロギーとは、エリック・フォーナーが論じるには、すべての労働者が労働で得た糧を自己のものとして所有し、恒久的な「賃金奴隷」となることから逃れて、「自由」身分の男性市民が政治的公共を担うイデオロギーのことである。

自由労働と奴隷労働を差別化する観念は、南北戦争までには北部の「自由」を定義する中心的な要素になっていた。奴隷労働は屈辱であり、働くことに尊厳がない。だが、西部開拓の一九世紀にあって、「自由な労働」は、「自由な土地」と必然的に結びつき、アメリカ生まれであるか移民の新参者であるかを問わず、両者の共通の信念となっていく。

共和党支持者が奴隷制に反対したのは、必ずしも人道的見地からだけではなく、奴隷の不自由労働が自分たちの自由労働を脅かすと見なしたからでもあった。共和党が制定を目指した、農民への公有地無償給付を実現するホームステッド法案に南部が執拗に反対したことが、北部や西部の共和党支持者のあいだに反奴隷制感情を高める役割を果たした。こうして、「自由労働イデオロギー」を核にした政治的主体が成立したことにより、奴隷制問題は、北部や西部の農民・労働者の共通の利害にかかわる問題として理解されることとなった。以後、アメリカでは共和党・民主党の第三次政党制が現在に至るまで、維持されることになる。

流血のカンザス、流血のサムナー——解決策のない奴隷制問題

話をカンザスに戻そう。奴隷制問題は、もはや妥協を許さぬ深刻な南北対立となっていた。

カンザスの土地は、ミズーリ妥協による境界線により、三〇年あまり、自由の地としてあった。だが、ダグラス議員の提案したカンザス・ネブラスカ法(一八五四年)が住民主権の原則を導入したことで、奴隷制支持派と反対派がそれぞれ移住者を競って送り込むこととなり、両勢力の激突の場となっていった。

図 2-3　サムナー殴打事件を描いた風刺画「南部の騎士道——議論と棍棒」(1856 年頃)

一八五五年、最初の准州議会選挙が実施されると、隣接するミズーリ州から奴隷制支持の群集が大挙してカンザスに入り、住民でないにもかかわらず票を投じ、奴隷制支持派が圧倒的多数の准州議会が作られた。だが、反奴隷制派はこの議会を認めず、翌年には独自の知事と州議会を組織した。この政治的混乱の中で、両者は武力衝突を繰り返すこととなり、「流血のカンザス」といわれる惨事となったのである。一八五六年五月、奴隷制支持派の武装隊が反対派の拠点ローレンスを襲撃した。暴動を扇動したミズーリ州選出の元上院議員デイヴィッド・アチソンは、「発砲、焼き払い、吊るし首」で騒動を収めれば、「太平洋まで奴隷制を拡大できる」

と語った。だが、数日後、アボリショニストのジョン・ブラウン（一八〇〇―五九）らが奴隷制支持派の農場に報復をしかけ五人を殺害し、「目には目を」という警告を死体に貼り付け立ち去った。

カンザスのローレンス襲撃の頃、連邦上院では衝撃的な事件が起きた。マサチューセッツ選出の共和党上院議員チャールズ・サムナー（一八一一―七四）は、混迷を深めるカンザスの責任はカンザス・ネブラスカ法の立案者であるアンドリュー・バトラーとダグラスにあると非難し、「カンザスへの犯罪」という奴隷制攻撃の演説をした。その数日後、上院議場内で、バトラーの甥のプレストン・ブルックス議員によりサムナーが杖で殴り倒され、重傷を負わされる事件が起きた。このサムナー殴打事件は、奴隷制社会を支持する南部人の野蛮さ、南部騎士道の下劣さの象徴として報じられ、北部人を決起させ、共和党支持者の増加に結果した。

重傷を負ったサムナーは、一八五九年までの三年間、上院への出席がかなわなかった。だが、マサチューセッツは一八五六年選挙で療養中のサムナーを上院議員に選出した。リンカン政権でサムナーは復帰し、上院外交委員長として一八〇四年に黒人革命により成立したハイチの承認（一八六二年）を行うなどし、再建期には革命的な南部再建を目指す共和党急進派のリーダーとして大車輪の活躍をすることとなる（第三章参照）。

さらに決定的だったのは、翌一八五七年の連邦最高裁判所におけるドレッド・スコット判決

図 2–4　ドレッド・スコットと妻ハリエット（『フランク・レズリー・イラストレイテッド・ニュースペーパー』1857 年 6 月 27 日号）

である。准州における奴隷制に関して、連邦最高裁が重要な判断を下したのである。連邦軍の軍医エマソンの奴隷であったドレッド・スコットは、主人の軍務に同行し北部各地の駐屯地などを転々とした。一八四三年にエマソンが亡くなり、スコットはミズーリに居住するエマソンの寡婦により引き取られた。そこでスコットは、自由州での居住経験などを根拠に、奴隷から解放され自由身分が保障されるべきだとして裁判をおこした。

しかし最高裁では、ロジャー・トーニー裁判長により次のような判断が下された。①合衆国憲法では黒人は市民ではなく、そもそも提訴する権利をもたない。②奴隷は奴隷主の財産であり、憲法は奴隷主が奴隷を自由に移住させる権利を保障している。よって連邦政府も州も、奴隷制の持ち込みを禁止する権限を有しない。③したがって、ミズーリ妥協は奴隷主から財産権を奪うものであり、違憲である。スコットの訴えは完全に却《しりぞ》けられたのである。

流血のカンザスからドレッド・スコット判決にまで至り、奴隷制問題が袋小路に迷い込む中で、一八五九年一〇月には、上述のジョン・ブラウンがヴァージニア州ハーパーズ・フェリーの連邦武器庫を襲撃する事件をおこした。ハイチにおける黒人奴隷たちの解放闘争に学び、実力行使による奴隷解放を持論とした彼は、武装した一団を率いて武器庫を二日間にわたって占拠した。武器を奴隷たちに与えて大規模な反乱を誘発し、これによって南部の奴隷解放を実現するという計画である。しかし、ブラウンはあえなくロバート・リー指揮下の海兵隊に捕まり、計画は失敗に終わった。同年、ブラウンは処刑される。北部ではソローやラルフ・ウォルド・エマソンら著名な知識人がその死を悼み、追悼集会が開かれた。北軍兵士が、「ジョン・ブラウンの屍は墓の中で朽ちてゆけども、それでも魂は前進しつづける」と歌いながら戦争に加わるのは、一年数カ月後のことだった。

連邦議会に話を戻そう。カンザス問題とサムナー殴打事件で、一連の政治的妥協は崩れ去った。民主党は分裂し、ダグラスは南部への政治的影響力を失った。ノーナッシング党も一気に支持を失い、この時期、奴隷制拡大を阻止し、北部世論をまとめられるのは共和党しかなかった。

一八六〇年、運命の大統領選挙に共和党は、無名の新人、エイブラハム・リンカン（一八〇九―六五）を指名した。奴隷州であるケンタッキーで貧しい開拓農民の家に生まれ、自由州であるインディアナとイリノイの丸太小屋で育ったこの少年は、まともな公教育をほとんど受けていない。身長は一九三センチの長身、ケンタッキー訛りはなかなか消えなかったという。読書家で、独学で弁護士となり、政治家としては、ホイッグとしてイリノイ州議会議員、連邦下院議員を経て、五六年に共和党に参加した。大統領選のスローガンは、「丸太小屋からホワイトハウスへ」だった。

のちに「奴隷解放の父」と呼ばれる政治家リンカンが一躍注目を浴びることになったのは、一八五八年のイリノイ州連邦上院議員選挙である。上述の民主党大物政治家のダグラス候補とリンカンが争い、七回にわたっていわゆるリンカン＝ダグラス論争と呼ばれる論争をし、共和党の進むべき基本方針を明確に提示したからである。

「分かれたる家」という有名な演説では、「分かれた家は立つことができません。永遠に半ば奴隷、半ば自由の状態では、この政府は持ちこたえることはできないでしょう。連邦の消滅を望みません――家の崩壊を望みません――私が希望するのは、ただ分断が回避されることだけです」と語る。この論争でリンカンは、ダグラスから「黒い共和党員」などと呼ばれ奴隷解放論者とのレッテル貼りをされていたこともあり、奴隷制拡大には明確に反対しつつも、南部社会の既存の奴隷制には干渉しない、そして白人・黒人間の平等には反対する、という政治的立場を表明した。リンカンはこの論争以前の一八五二年頃から、人種間の分離が人種問題を防ぐ唯一の手段であり、そのためには黒人をアフリカに植民させるしかないという持論を展開していた。実際、リンカンが大統領任期中の一八六二年四月、連邦議会は黒人植民のための資金として六〇万ドルの予算を組み、首都ワシントンの解放奴隷をハイチやリベリアに植民させる計画をたてた。

この黒人植民論が、北部や西部で圧倒的な支持を得ていたことは重要である。当時、白人と黒人との異人種間混交は禁忌とされており、安易に「共存」「共生」を口にすることはできなかった。それよりは、海外植民によって国内人種問題を解決することが最善と見なされたのだ。実は、上述のストウも熱烈な植民論者であった。南部に留まり悲惨な死を遂げるアンクル・トムとは対照的に、もう一組の黒人主人公らが、小説の最後でリベリア行きを実現させていることに注目しよう。つまり、この小説は、読み方によっては、アメリカ植民協会(第一章参照)の宣伝小説としての顔を持っていたのである。

一八六〇年大統領選挙と南部の連邦離脱

一八六〇年の大統領選挙では、共和党はいち早くリンカンを大統領候補に指名した。それに対し、民主党は大統領候補の一本化に苦慮した。先に述べた一九世紀半ばの政党再編のうねりのなかで民主党は、党内分裂の危機を抱え影響力を減じつつも、全国政党としての命脈をなんとか保っていた。しかし、この大統領選挙で分裂は決定的となる。政治力にかげりがみえていたが、いまだ北部では支持者の多かったダグラスが、六月の民主党大会で指名を獲得するものの、南部の民主党員は反発。彼らはケンタッキーのジョン・ブリキンリッジを独自候補に立て

表 2-1　大統領選挙の投票結果(1852-60 年)

候補者	政党	一般投票		選挙人				
		合計	%	合計	北部	西部	境界州	南部
1852 年		3,157,326	100.00	296	110	66	32	88
フランクリン・ピアス	民主党	1,601,274	50.72	254	92	66	20	76
ウィンフィールド・スコット	ホイッグ党	1,386,580	43.92	42	18	0	12	12
ジョン・ヘイル	自由土地党	156,667	4.96	0	0	0	0	0
1856 年		4,053,967	100.00	296	110	66	32	88
ジェイムズ・ブキャナン	民主党	1,838,169	45.34	174	34	28	24	88
ジョン・C. フリーモント	共和党	1,341,264	33.09	114	76	38	0	0
ミラード・フィルモア	ノーナッシング・アンド・ホイッグ	874,534	21.57	8	0	0	8	0
1860 年		4,682,069	100.00	303	110	73	32	88
エイブラハム・リンカン	共和党	1,866,452	39.86	180	107	73	0	0
スティーヴン・ダグラス	北部民主党	1,376,957	29.41	12	3	0	9	0
ジョン・ベル	立憲統一党	849,781	18.15	39	0	0	12	27
ジョン・ブリキンリッジ	南部民主党	588,789	12.58	72	0	0	11	61

(北部)コネティカット，メイン，マサチューセッツ，ニューハンプシャー，ニューヨーク，ニュージャージー，ペンシルヴェニア，ロードアイランド，ヴァーモント　(西部)カリフォルニア，イリノイ，インディアナ，アイオワ，ミシガン，ミネソタ，オハイオ，オレゴン，ウィスコンシン　(境界州)デラウェア，ケンタッキー，メリーランド，ミズーリ　(南部)アラバマ，アーカンソー，フロリダ，ミシシッピ，ノースカロライナ，サウスカロライナ，テネシー，テキサス，ヴァージニア，ジョージア，ルイジアナ

て民主党を離脱し、新たに南部民主党を設立したのである。

また、分裂した民主党にも共和党にも不満を持つ南北境界州の議員らが、連邦分裂を回避するため一八六〇年に結成した立憲統一党は、テネシーのジョン・ベルを大統領候補に立てた。

こうして四候補からなる異例の分裂選挙となった一八六〇年大統領選は、結果として、北部諸州の反奴隷制票と西部票を手堅く集めたリンカンが勝利を収めた。しかし、表２－１に示した通り、リンカンの得票は有権者が投じた一般投票の四〇％に過ぎず、南部の一〇州ではまったく選挙人を得られなかった。他の三候補が得た投票数の合計は、リンカンの得票をはるかに上回っていたのである。

共和党のリンカンの当選は、南部に大きな衝撃を与えた。これまで南部は歴代大統領の多くを輩出し、連邦上院を支配することでアメリカ政治の中心に位置してきた。第一巻第四章でも述べられているように、「建国の父たち」の重要人物にはとりわけヴァージニア出身者が多く、初代大統領ワシントン、第三代ジェファソン、第四代マディソン、第五代モンローらの治世は、しばしば「ヴァージニア王朝」と揶揄されるほどだった。しかし、その建国以来の基本戦略が完全に破綻したのである。

南北の融和を模索する動きもみられたが、一八六〇年一二月二〇日、サウスカロライナが単独で連邦離脱を宣言し、連邦の崩壊が始まった。奴隷制擁護の急先鋒であるサウスカロライナが脱退すれば他州もこれに続くだろうとの読みどおり、ミシシッピ(連邦離脱日一八六一年一月九日)、フロリダ(一月一〇日)、アラバマ(一月一一日)、ジョージア(一月一九日)、ルイジアナ(一月二六日)、テキサス(二月一日)の計七州の低南部が離脱に踏み切った。

こうして、リンカン当選の三カ月後の一八六一年二月九日には、アラバマ州モンゴメリーで「アメリカ連合国(The Confederate States of America)」(南部連合)が結成された。南部連合は、「黒人奴隷所有権を否定したり、侵害したりする法律」は通してはならない(南部連合憲法第一条第九節第四項)と、奴隷制を積極的に位置づけた独自の憲法を採択し、これまで合衆国憲法史上、使用されずにきた「奴隷」の言葉を用いた。モンゴメリーで開催された臨時議会では、ミシシッピのジェファソン・デイヴィス(一八〇八―一八八九)が大統領に、ジョージアのアレグザンダー・スティーヴンス(一八一二―一八八三)が副大統領にそれぞれ選出された。

ただ、この南部諸州の独立運動は一枚岩にみえて、地域《セクション》内部ではけっして足並みが揃っていたわけではなかった。連邦脱退をめぐる州民大会のいくつかでは、奴隷所有者層と非奴隷所有者層とで政治的スタンスが違ったため、賛成票と反対票が拮抗した。実際、ヴァージニア、ノースカロライナ、テネシー、アーカンソーの四州は脱退を拒絶して、戦争勃発まで南部連合には加わらなかった。また、南北の境界エリアにあった境界州のケンタッキーとミズーリでは、州民の意見がまとまらず、メリーランド、デラウェアといった奴隷州とともに、連邦に留まることになった。

南部諸州の連邦離脱を受けて、連邦議会は奴隷制には手をつけないことを明言し連邦復帰を呼びかけたが、失敗に終わった。民主党ブキャナン大統領は、事態収拾の措置をなんら講ずることができず、離脱した南部諸州が連邦の武器庫や税関などを接収するのを黙認した。こうして、南部連合への対応は、共和党選出の新大統領リンカンに委ねられることとなった。

2　南北戦争

内戦の勃発

一八六一年三月四日の大統領就任演説においてリンカンは、あらためて南部奴隷制への不干渉を表明した。その上で、「私たちは敵ではなく友人である、敵であってはならない、激情が緊張をもたらすことがあっても、私たちの愛情の絆をきってはいけない」と述べ、連邦を維持してゆくことの必要性を説いた。だが四月一二日未明、連邦離脱の先陣を切ったサウスカロライナのチャールストン湾で、孤立した連邦側のサムター要塞に南部連合軍(南軍)が砲撃を加えたことにより内戦が勃発、絆は断たれることになる。

南部連合発足後、南部にある連邦要塞はほぼ南軍支配下に置かれたが、サムター要塞の司令官ロバート・アンダーソン少佐は連邦への忠誠を誓っていた。大統領就任式の翌日、彼からの手紙を受け取ったリンカンは、閣僚会議での反対意見を押し切り、サムター要塞守備隊への食糧支援を決断した。リンカンのこの決定は、反乱地区に連邦の権限が及んでいることを国内外に示し、大統領の連邦離脱阻止の思いがいかに強固であるかを南部連合に伝えるためのものだった。

図 2-5　サムター要塞の星条旗が描かれた封筒(1861-65年).「サムター要塞を忘れるな！(Remember Fort Sumter!)」と印字されている

しかし、開戦の機会をうかがっていたサウスカロライナがこれを受けて要塞に発砲し、以後四年の長きにわたる未曽有の内戦が始まったのである。二日間にわたる激しい砲撃戦の末、サムター要塞は陥落した。チャールストンの民衆が勝利に沸き返るなか、南軍は連邦軍(北軍)兵士が非武装船で逃走するのを見逃した。サムター要塞にはためいていた三三星の星条旗(開戦前の州は三三)は、アンダーソン少佐が持ち帰ったが、この星条旗は戦時中、北部民衆の愛国的シンボルとなり、北軍の徴兵活動でも大活躍することになる。ちなみに、戦争終結後、この三三星旗を再占領したサムター要塞に掲揚する祝賀会が行われた一八六五年四月一四日は、まさにリンカンが狙撃された日であった。

連邦に留まっていたヴァージニアは、これを機に南部連合に参加し(連邦離脱日一八六一年四月一七日)、アーカンソー(五月六日)、ノースカロライナ(五月二〇日)、テネシー(六月八日)も続いた。以降、これら一一州から構成される南部連合は国家体制を整え、首都も当初のモンゴメリーから、ヴァージニアのリッチモンドへと移された。

これに対して、連邦に残ったのは全部で二三州。そこにはミズーリ、ケンタッキー、デラウエア、メリーランドという南北の境界エリアにあった奴隷州も含まれており、ヴァージニアから分かれたウェストヴァージニアも連邦に加わった。

リンカンは開戦後まもない四月一七日、第一騎兵隊大佐のロバート・リーに総司令官就任を打診した。だが同日、リーの故郷であるヴァージニアが連邦を離脱したため彼は就任を拒否し、連邦軍からの除籍を願いでた。アメリカの陸軍士官学校のほとんどは南部諸州に置かれており、南部出身の軍人の多くはリーと同じ決断を下し、南軍についた。

戦争遂行にあたって両陣営が最初に直面した課題は、兵士の創出であった。建国期にさかのぼれば、独立戦争時にワシントンが率いた大陸軍は、戦争終結後の一七八三年には解体された(第一巻第三章参照)。その後の戦争においても、アメリカ・メキシコ戦争時に陸軍が五万人にまで膨らんだが、戦後は約一万人へと縮小した。州単位で強い募兵権が確立され、反常備軍感情が根強いアメリカには、開戦当時も、主に先住民に対抗するための二万人足らずの連邦軍しかなかったのである。もちろん新たに誕生した南部連合も、兵力は保有していなかった。

リンカンは早くも一八六一年四月一五日には、三カ月限定での志願兵七万五〇〇〇人の召集を決定した。さらに五月にも志願兵増員の募集をするが、各州は自州への割り当て増を求め、知事からの陳情が相次いだ。この軍役期間の短さからも、リンカンが戦闘の早期終結を楽観視していたことがわかる。

しかし七月二一日、ブルランの戦いでの北軍の敗北により、事態は一変する。ヴァージニア州マナサス近郊のブルランで行われた、南北戦争最初のこの大規模戦闘は、首都ワシントンから南部連合の首都リッチモンドを一気に占領するべく南下した北軍が、南軍と激突したものだった。南北双方の急ごしらえの陸軍部隊による戦闘は混乱を極めたが、のちに「ストーンウォール・ジャクソン」とあだ名され南軍の英雄となるトマス・ジャクソン将軍の頑強な防御戦術が功を奏した。反撃に出た南軍に対して、数において勝る北軍は総崩れとなり、首都ワシントンに逃げ帰ったのである。勝利を確信していた北部人は衝撃を受け、一転、首都攻略の危険すらあると恐れるようになった。

図2-6が示すように、開戦当時、北部側は人口比で北部二二〇〇万対南部九〇〇万(内訳は白人五五〇万人、黒人奴隷三五〇万人)、工場数でも北部一一万対南部一万八〇〇〇など、南部を圧倒する人的資源を持ち、工業化・産業化を推し進めていた。圧倒的に有利な立場から、短期間での勝利を確信していたのである。しかし、結果から見れば、北部が軍事力の点で南部を凌

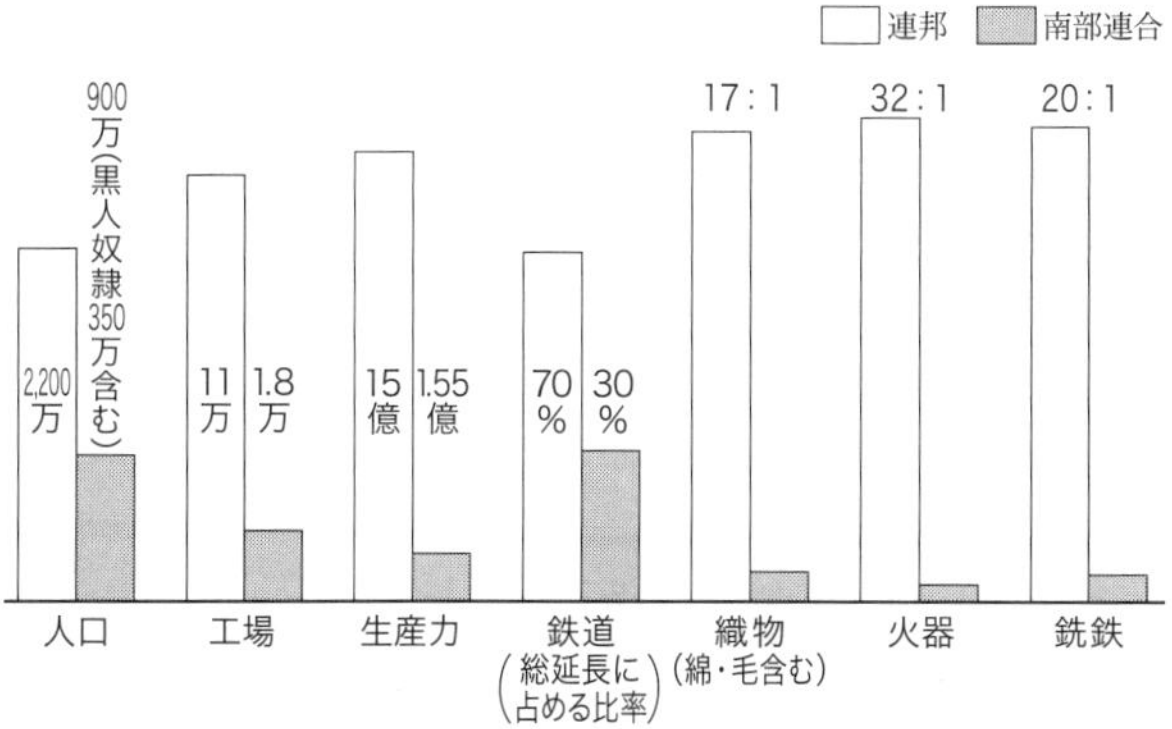

図 **2-6**　南北の人口・工業力の比較

駕するまでには、かなりの時を要したということになる。

ブルランの戦い(第一次)以後も、戦争初期は、七日間の戦い(一八六二年六月二五日―七月一日)や第二次ブルランの戦い(八月二八―三〇日)など、南軍が勝利するケースが多かった。その理由は、第一に、南軍はロバート・リー将軍など優れた軍人を数多く擁し、兵士の士気が高かったこと。第二に、戦略的にいえば、南軍は北部に侵攻する必要はなく、北軍による南部侵攻を撃退するという専守防衛でよかったということである。逆に北軍は、南部連合一一州を相手に、領土深く侵攻して南部全域を征服する必要があった。

さらに、南部の防衛を強固にしたのは、この戦争で両軍により本格的に使われるようになった射程距離の長い近代的ライフルと、塹壕であった。総力戦としての第一次世界大戦を想起させるこれらの武器や戦術は、実は南北戦争において使われ始めたのであり、それゆえに、両軍の戦死者が六二万人を超える甚大な犠牲者を出す結果となるのである。

苦境に立たされた連邦側は、長期戦への備えが必要であり、また志願兵中心の軍隊では限界があることを痛感した。そのため議会では、兵力増強を目指して、上院軍事委員会議長ウィルソンを中心に徴兵制の導入に向けた検討が本格化した。一八六二年七月には、議会が可決した第二次没収法により、従来の民兵法を修正し、解放された黒人奴隷が任意の軍務に就くことが可能になった。

だが、同年一二月のフレデリクスバーグの戦いでの戦死者の急増、逃亡兵の増加、兵役期間終了を迎えての志願兵の退役などで、北軍の弱体化には歯止めがかからなかった。そこで一八六三年三月三日、国家による直接徴兵を可能とする連邦徴兵法が成立し、陸海軍の兵力を立て直す道が開かれた。これがアメリカ史上、最初の徴兵法であり、こうした戦時立法を通じて連邦の権限強化と集権化が一気に進んだのである(南部連合側では、これよりも早く一八六二年から徴兵を実施)。

南北戦争中の外交と海上封鎖作戦

南北戦争は図2-7のとおり、広大な地域で戦闘が展開した。主な戦線は東海岸の東部戦線

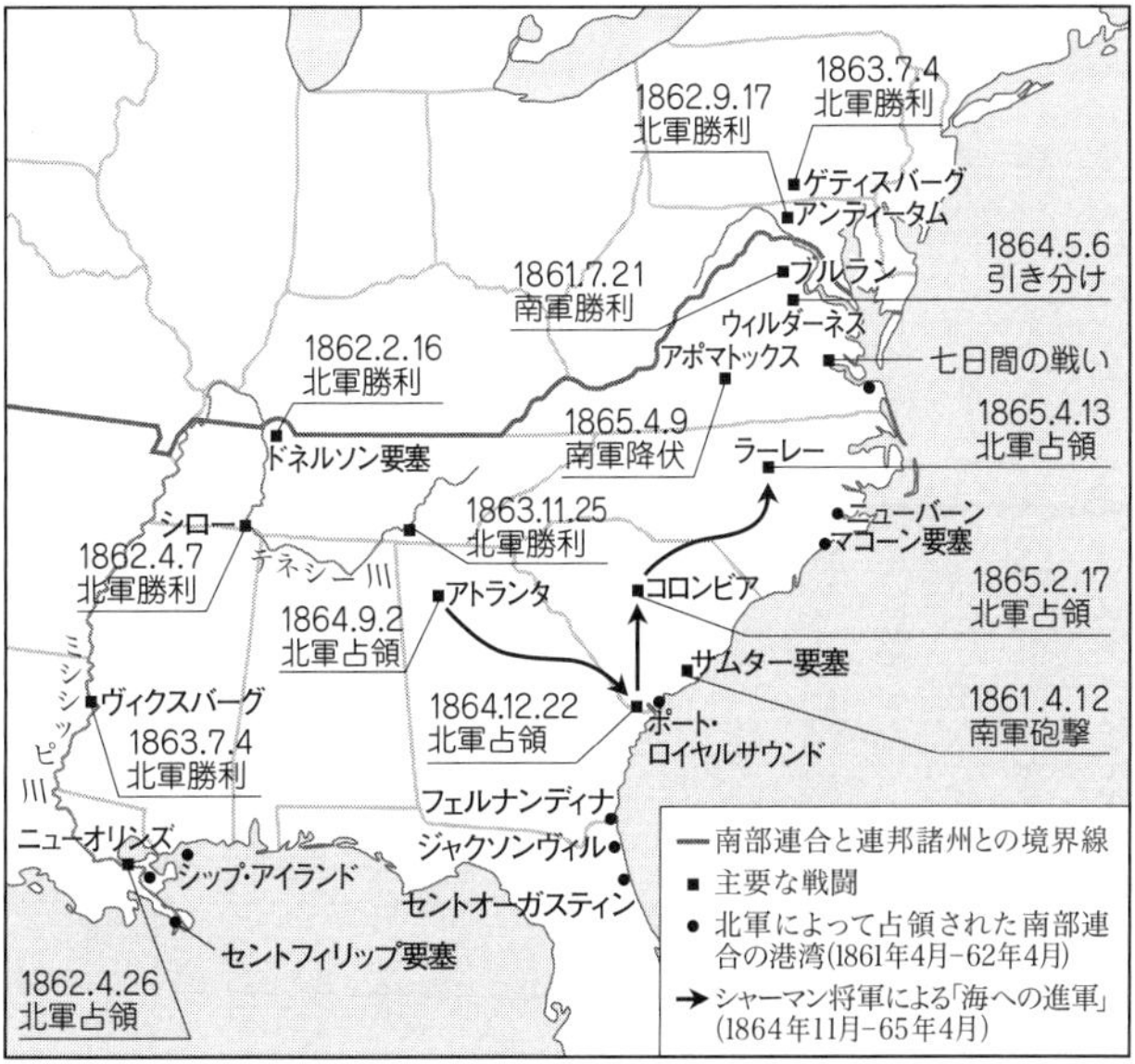

図 **2–7**　南北戦争の主な戦場(1861–65 年)

と、アパラチア山脈以西の西部戦線に分かれる。戦死者の多い大規模な戦闘は主に東部戦線で起きたが、それは連邦の首都ワシントンと南部連合の首都リッチモンドがいずれも東部、しかも至近距離(わずか一五四キロ)に位置し、両首都をめぐる攻防戦が激しかったからである。

東部戦線、西部戦線の戦局を検討する前に、南北戦争における北軍勝利の鍵となった連邦海軍による海上封鎖作戦と、ヨーロッパ諸国向けの外交交渉についてみておこう。

戦時中、アメリカ合衆国(連邦

側）の外交戦略上の最大の課題は、イギリスやフランスなどヨーロッパ諸国による内戦への干渉をいかに阻止するかということだった。国務長官ウィリアム・H・スワードは、ヨーロッパ諸国が南部連合を「反乱」と見なさず、合衆国の「交戦国」と認めてしまえば、海外からの軍事的・財政的援助の道が開かれ、南部連合独立が可能になるだろうと危惧していた。

そこで北軍は、一八一二年戦争やアメリカ・メキシコ戦争での活躍で知られる陸軍の長老、ウィンフィールド・スコットが一八六一年四月に策定した作戦綱領「アナコンダ」計画に従い、行動を実行する。南部と海外諸国との物資流通ルートを遮断し補給路を絶つため、大西洋岸とメキシコ湾の主要な港とミシシッピ川を封鎖するという作戦である。連邦海軍は、当初、船数も少なく、南部の大西洋岸からメキシコ湾までの全長五〇〇〇キロにも及ぶ海岸線をすべてカバーすることはできなかったが、海上封鎖は徐々に効果をあげていく。主力国際商品である綿花の輸出は大打撃を受け、南部経済は混乱していった。

一八六一年秋には、連邦海軍は南部沿岸を南下し始め、サウスカロライナ州ポートロイヤル沖のシー・アイランド諸島を攻略した。さらにサヴァナのプラスキ要塞を落とし、南部大西洋岸の主要な港を制圧していった。翌六二年にはミシシッピ川流域に侵攻し、戦闘を繰り返しながら、後述のように四月にはメキシコ湾岸の要衝ニューオリンズを占領したのである。

イギリスは戦争勃発後、フランスとともに中立宣言を出した。しかし、南軍が連邦海軍に対抗して海上封鎖破りを試み始めると、イギリス商社を介して、武器や弾薬、補給物資を南部へと運搬した。また、イギリスが南部連合のために戦艦を建造し、他国で艤装するケースもあった。一八六二年にイギリスで建造されたアラバマ号は、六四年六月に北軍の軍艦キアサージに撃沈されるまで五七隻の北部商船を撃沈し、北部側の商業活動に甚大な損害をもたらした（アラバマ号事件。のち、一八七一年の英米間のワシントン条約により仲裁裁判となり、翌年、イギリスの中立義務違反が認定された。アメリカは賠償交渉の過程で、カナダの併合を要求した）。ほかにも、連邦海軍がイギリス船を臨検して、乗船していた南部連合の外交使節を捕らえたトレント号事件（一八六一年）などによって、イギリスの中立とは名ばかりのものであることが発覚した。

フランスも一貫して、連邦再統合は不可能であるとみなし、英露と共同して休戦提案を試みるなど、干渉の機会をうかがっていた。フランス側の背景には、メキシコ情勢が深く関わっていた。アメリカ・メキシコ戦争に敗れたメキシコでは、一九世紀半ばに、改革派と保守派が国家再建をめぐり対立し、レフォルマ（大改革）の内戦が起こった。これに乗じて一八六二年、フランス、イギリス、スペインは共同出兵し、ヴェラクルスを占拠した。

スペインとイギリスはメキシコ政府の外債返済計画を了承し撤兵するが、ナポレオン三世治下のフランスはメキシコ占領を続けた。さらに一八六三年六月にはメキシコシティを占領し、オーストリア皇帝の弟マクシミリアンをメキシコ皇帝に据えた。南部連合はさっそくこのメキシコ帝国に接近して、自国の承認と外交関係の樹立を求めたが、結局、フランス側は南部連合承認には踏み切らなかった。

この背景には、後述するように、連邦側が一八六二年九月に「奴隷解放予備宣言」を発し、内戦が単なる連邦維持のための戦争ではなく、奴隷解放のための崇高な「聖戦」であることを国際的にアピールしたことがあった。また、六三年に入ってからは、ゲティスバーグの戦いでの勝利など、戦況が北部側へ決定的に傾き、南部連合が勝利する可能性がほとんどなくなったからでもある。メキシコ国内では、一八六七年三月、ナポレオン三世がマクシミリアンを見捨てて撤兵を命じ、フランスの企ては完全な失敗に終わる。

では、イギリスが南部連合承認に踏み切らなかったのはなぜか。南部連合側は綿花を切り札にした外交戦略が奏功すると自信をもっていたが、実際には開戦時、イギリスの工場では綿花が過剰在庫となり、インドやエジプト、ブラジルが綿花の需要を満たし始めていたのだった。

東部戦線と西部戦線

では、東部戦線と西部戦線に話を移そう。

東部戦線では、一八六一年七月のブルランの戦い(第一次)後も、一進一退が続いた。六二年三月、ジョージ・マクレラン総司令官率いる北軍は、海路チェサピーク湾からリッチモンド攻略を狙い、五月には肉薄するところまで侵攻したが、全面激突には至らなかった。それに続く八月の第二次ブルランの戦いでは、リー将軍率いる南軍に北軍は惨憺たる敗北を喫した。

勢いにのったリー将軍は、敵陣のメリーランドへの大胆な侵攻を試みる。しかし、九月一七日のアンティータムの戦いでは退却を余儀なくされた。戦争初期、北軍の敗戦が続くなか、このアンティータムでの勝利は、気落ちした北部の世論を明るくし、リンカンに一息つく時間を与えた。南部連合承認に動きかけていたヨーロッパ諸国を思いとどまらせただけでなく、二カ月前から公表の機会をうかがっていた奴隷解放予備宣言(後述)を発表する政治状況をうみだしたのである。

リンカンの立場は南北戦争勃発後も、戦争遂行の目的は連邦の統一回復であって、奴隷制廃止ではないという点で一貫していた。奴隷制即時廃止論者として名を馳せた、『ニューヨーク・トリビューン』社主のホレス・グリーリー(一八一一―七二)との公開討論においても、「もし一人の奴隷も解放せずに連邦を救えるのであれば、私はそうするであろう」と語っている。

だが、この戦争が、奴隷解放の問題と不可分のものであることは誰もが承知していた。北部では、自由黒人の多くが北軍の募兵の呼びかけに率先して応じ、南部でも黒人奴隷たちがプランテーションからの逃亡を企てるなどして、南部社会の混乱を引き起こそうとした。

西部戦線は、東部戦線での短期決戦の目論見が破綻したあと、一八六一年後半以降に戦線が拡大した。北軍のユリシーズ・グラント将軍は、戦略的に重要なヘンリー要塞とドネルソン要塞を攻略すれば、南部連合の中心部へと通じる経路が開かれると目をつけ、一八六二年二月に両要塞を攻略。北軍はナッシュビルをはじめとするテネシー州全域へ侵攻した。四月のシャイローの戦いでも北軍が勝利し、ミシシッピ川の要衝メンフィスを占領した。さらに、上述のメキシコ湾に侵入した海軍と連携し、四月二六日、南部の最大都市ニューオリンズを陥落させた。

こうして、雌雄が決せず膠着状態が長く続いた東部戦線とは異なり、西部戦線では北軍が圧勝した。

3　南北戦争の変質

転機としての奴隷解放宣言——奴隷解放のための戦争へ

リンカンは、ついに一八六二年九月二二日、連邦軍最高司令官の権限で、「適切かつ必要な軍事的措置」として、奴隷解放予備宣言を布告することに踏み切った。これは、連邦から離脱した南部諸州が一八六三年一月一日までに連邦に復帰しなければ、奴隷解放を宣言するという警告だったが、南部諸州がこれに応じなかったため、一八六三年一月一日、本宣言として奴隷解放宣言(Emancipation Proclamation)が布告された。

奴隷解放予備宣言へと至る道はけっして平坦なものではなかった。そもそも、北部社会では戦前から反黒人感情が根強かったのだ。合衆国視察途上のトクヴィルが、南部の奴隷制プランテーションを視察したあと北部社会を訪れ、「人種的偏見は奴隷制が残存している諸州よりも、すでに廃止されてしまった〔北部〕州において一層強いようだ」と述べている。ニューヨークやボストンの都市部に集住したアイルランド系労働者は、最底辺の仕事をめぐり自由黒人と競合する関係にあったが、彼ら移民労働者は黒人を排斥することで「白人性《ホワイトネス》」を身につけて、社会的上昇を果たしていった。この労働者階級の「奴隷ではない」という意識の上に作られた自由労働イデオロギーに白人優越意識が埋め込まれており、人種差別意識を内包していたことは、アメリカ労働史の通説となっている。

北部民主党は、戦時中、この一般民衆の黒人嫌悪の感情に訴えて共和党を攻撃し、奴隷解放となれば北部へ黒人が大挙して移動してくると危機感を煽っていた。

象徴的な出来事を一つ紹介しよう。一月一日に奴隷解放宣言が出された一八六三年の年末のニューヨークで、『人種混交 *Miscegenation*――諸人種の融合に関する理論とそのアメリカ白人・黒人への適用』と題された小冊子が売り出された。この文書の著者は、共和党の人種融和政策に賛同する奴隷制廃止論者を自任しており、選挙応援文書のようでもあった。だが、この文書は民主党系新聞記者によるでっち上げ文書であることが後日に判明する。文書には、南北戦争は「白人と黒人の混交を進めるための戦争」であり、勝利後はアジア系との融合を次なる課題にすべきとし、「共和党は党綱領に人種混交奨励を盛り込むべき」だと謳われていた。つまり、民衆に根強かった混交忌避のセクシュアルな感情を喚起し、共和党にダメージを与えることを企んだのである。この政治小冊子は、新聞各紙に転載されたことで、人種混交を指す新語「miscegenation」がこれまでの「amalgamation」に取って代わり、アメリカ社会に定着した。

さらに、先にふれたドレッド・スコット判決が端的に示しているように、奴隷は憲法解釈上、人格ではなく私有財産であると見なされていたので、その解放が憲法で保障された財産権の侵害となる恐れがあった。かりに奴隷一人を一〇〇〇ドルと換算しても、四〇〇〇万人の解放となれば四億ドルの私有財産の没収を意味し、これは一八六〇年のGNPにほぼ匹敵した。

躊躇するリンカンを後押ししたのは、チャールズ・サムナー、サデュース・スティーヴンス、ジョージ・ジュリアンら、共和党急進派と呼ばれる連邦議員のグループである。彼らは、リンカンら穏健派議員が固執する黒人の有償解放や植民計画を非人道的、非現実的だと批判した。急進派は大統領に、奴隷解放を人道主義的立場からではなく、軍事的に必要な手段として布告すべきだと進言し、説得を試み、六二年以降、連邦議会に奴隷解放関連法案を次々と提出した。まず四月には、首都ワシントンの奴隷を解放し、六月には一八五〇年の逃亡奴隷法を撤回する法案を提出した。そして、七月には、サムナーが「実質的な奴隷解放宣言」と呼んだ「第二次没収法」(七月一七日可決)が成立した。この法律は南部の「反乱」に荷担した奴隷所有者の奴隷の解放を合法化するものであった。この第二次没収法の内容をたたき台にして、七月二二日にはリンカンは閣僚とともに予備宣言の草案を完成させた。そして、アンティータムの戦いの五日後に発表されたのが、奴隷解放予備宣言である。

リンカンが布告した奴隷解放宣言とは、次のような内容である。

一八六二年九月二二日、アメリカ合衆国大統領より、以下の事項を含む宣言が発せられた。
「一八六三年一月一日の時点で、その人民が合衆国に対する反逆状態にあるいずれかの州もしくは州の指定された地域において、奴隷とされているすべての者は、同日をもって、そして永遠に、自由の身となる。陸海軍当局を含む合衆国の行政府は、かかる人々の自由を認め、これを維持する。そして、かかる人々が、あるいはそのうちの誰かが、真の自由を得るために行ういかなる活動についても、これを弾圧する行為を一切行わない。
行政府は、前記一月一日に、宣言によって、人民がその時点で合衆国に対する反逆状態にある州および州の地域を指定する。また、州あるいはその人民が、その州の有権者の過半数が参加する選挙で選出した議員を、誠意を持って合衆国議会に送っている場合には、これを否定する強力な証言がない限り、それをもってその州およびその人民が合衆国に対する反逆状態にないことを示す確実な証拠とみなされる」

これにより今、私、合衆国大統領エイブラハム・リンカンは、合衆国の権威ならびに政府に対する武力による反逆が実際に起きたときの合衆国陸海軍の最高司令官として私に与えられた権限に基づいて、またかかる反逆を制圧するための適切かつ必要な戦争手段の一つとして、前記の日付から丸一〇〇日間の全期間にわたり、そうすることを公式に宣言してきたことに伴い、本日一八六三年一月一日、本日時点でその人民が合衆国に対する反逆状態にある州および州の地域は、以下の通りであることを定め、明示する。

アーカンソー、テキサス、ルイジアナ(セントバーナード、プラクマインズ、ジェファソン、セントジョン、セントチャールズ、セントジェイムズ、アセンシオン、アサンプション、テレボーン、ラフォーシュ、セントメリー、セントマーチン、ニューオリンズ市を含むオーリンズの各教会区を除く)、ミシシッピ、アラバマ、フロリダ、ジョージア、サウスカロライナ、ノースカロライナ、ヴァージニア(ウェストヴァージニアと指定された四八の郡と、バークレー、アッコマック、モーハンプトン、エリザベスシティ、ヨーク、プリンセスアン、ノーフォークおよびポーツマス両市を含むノーフォークの各郡を除く)。そして例外とされた地域は、差し当たり、本布告の対象外とする。

前述の権限に基づき、また前述の目的のために、かかる指定された州および州の地域内で奴隷とされている者はすべて自由の身であり、今後も自由であることを、そして陸海軍当局を含む合衆国行政府が、かかる人々の自由を認め、これを維持することを私は命令し、宣言する。

そして私はここに、今自由であると宣言した人々に対し、自衛上必要でない限り、いかなる暴力も慎むよう申し渡す。また、あらゆる労働の機会において、正当な賃金を得るために誠意を持って働くことを推奨する。

さらに、適切な健康状態にある者は、要塞、陣地、駐屯地、その他の場所を守備するために、あるいは種類を問わず軍隊の船舶に乗り組むために、合衆国軍隊に受け入れられることを宣言し、周知させる。

そして軍事上の必要性に関して憲法で保障された正しい行為であると、心から信じているこの行為に対して、私は、人類の思慮深い判断と、全能の神の寛大なご加護を祈念する。

このように同宣言は、反乱諸州が一八六三年一月一日までに連邦に復帰しなかったことから、その支配下にある奴隷は同日をもってただちに自由の身となることを表明したものであった。つまり宣言の対象となったのは、連邦軍が一八六三年一月以降に占領するであろう南部連合の支配地域下の奴隷たちである。リンカンの宣言が対象外としたのは、デラウェア（一八六〇年時の奴隷人口、一七九八名)、ケンタッキー(二二万五四八三名)、メリーランド(八万七一八九名)、ミズーリ(一一万四九三一名)の四つの境界州の奴隷、約四三万名。それに、すでに連邦軍が占領していた、テネシー州の二七万五七一九名。さらにルイジアナ(三三万一七二六名)とヴァージニア(四九万八六五名)という巨大な奴隷人口を有する両州で、連邦軍がすでに支配した郡の奴隷、これらは対象外となったのである。

しかし、この宣言のもつ歴史的意義は大きかった。すなわち、これにより南北戦争は、連邦維持のための戦争から、奴隷解放という社会革命のための戦争へと、その意味づけを大きく変容させたのである。

六三年一月一日を、黒人たちは歓喜とともに迎えた。奴隷解放運動の中心地ボストンでは、音楽ホールとトレモント・テンプルに六〇〇〇名を超える観衆が集まり、奴隷解放令が宣言されたとの電信を皆で喜んだ。この場に居合わせたフレデリック・ダグラスはのちに、奴隷解放宣言の記念日は「アメリカの暦のなかで最も記念すべき祝日になるだろう」と予言している。その後、戦況も北部有利に展開していくことになり、戦争は大きな転換点を迎えたのである。

また、奴隷解放宣言の後段で、黒人が軍に所属し国のために戦う権利が認められた点にも着目したい。サムター要塞の陥落後、すぐにワシントンでは自由黒人らの軍役志願があった。戦争における奴隷解放の意味づけが揺れ続けたリンカンとは異なり、黒人にとって戦争はもとより奴隷解放と直結していた。当時、一七九二年の民兵法の規定により、黒人の軍隊での武器携帯は禁止されており、そのため、北軍への志願はかなわなかった。だが、占領地ではすでに逃亡してきた奴隷を軍役につかせる将軍も出てくる中、六二年七月に、連邦議会は第二次没収法と同時に、黒人の軍隊編入を承認したのである。ダグラスは、六三年七月、翌年八月、リンカンと会見し、黒人の軍隊内での差別撤廃を提案した。

こうして、終戦時までに、給与面での差別待遇はあったものの、約二〇万の黒人兵士が北軍の軍役につく機会を得た。黒人部隊としては、映画『グローリー』(一九八九年)でも取りあげられた第五四マサチューセッツ歩兵連隊が有名で、この部隊にはダグラスの二人の息子も含まれていた。黒人指導者の思想系譜においては、戦うことと自由の理念は堅く結びついており、フレデリック・ダグラス以後も、B・T・ワシントン、W・E・B・デュボイスと、この黒人兵の戦闘の記憶を顕彰し続けることとなった。

図 2-8 南北戦争に動員された黒人兵
(有色人部隊募集のポスター, 1865 年)

ただ、奴隷解放宣言による戦争目的の変容は、北部の民主党支持者の間でくすぶっていた不満を噴出させる結果ももたらした。一月一日に布告された奴隷解放宣言と、同年三月に施行された連邦徴兵法とはいずれも、北部のアメリカ人に、国家と個人との新たな関係構築を要請するものだったといえる。

一八六二年に徴兵が実施された南部でも徴兵忌避は社会問題となっていたが、北部でも六二年段階から、徴兵者抽選を避けるためカナダや他州へ逃亡するものが増加し、ウィスコンシンやオハイオでは激しい抵抗運動が起こったことが知られている。そして連邦徴兵法の実施は、さらに大規模な抵抗運動を引き起こした。当時の民主党系の新聞には、徴兵反対派の主張として二つの論点が示されている。一つは、戦争目的が連邦救済からすり替わり、黒人解放のための戦争になってしまったこと。共和党の奴隷制即時廃止論と専制政治による連邦権限の拡大には、断固抗議すべきという立場である。

いま一つは、徴兵免除対象者に関わるものである。身代わりを出すか、あるいは三〇〇ドルを免除金として支払えば軍役を免れられるという、富裕層優遇の階級差別的な規定があったことへの反発であり、労働者に過重な負担を強いた点で市民的自由の原則を侵しているとの批判であった(南部では一八六二年一〇月、二〇人以上の奴隷を所有する者すべてを軍役から除外するという、悪名高い「奴隷二〇人法」が制定された)。

こうした徴兵忌避運動で最大規模となったのが、一八六三年のニューヨーク徴兵暴動である。

当時ニューヨークは、後述するゲティスバーグの戦いによって、連邦軍が手薄になっていた。七月一三日、午前六時に開始される徴兵抽選会場を起点に、白人労働者中心の暴徒が徴兵官事務所、警察署、さらには五番街の富裕者や共和党議員宅などを襲撃し、暴動が始まった。暴徒はその午後には四四丁目の黒人孤児院を襲撃し、黒人のみならず中国人を標的にリンチを執行した。奴隷解放への反発は、グリーリーが社主を務める『ニューヨーク・トリビューン』本社への襲撃をも引き起こした。暴動は四日間にわたって都市機能を麻痺させ、一六日にようやく軍隊によって鎮圧された。

この暴動の主力となったのは、奴隷解放によって解放後の黒人と職を奪い合うことになるのを恐れるアイルランド系移民白人労働者であった。「戦争は金持ちが引き起こし、貧者が戦う」という戦争の構図は古今東西、よく見られることだが、南北戦争で徴兵名簿に特定のエスニック集団や労働者階級が多く掲載されていたのは疑いのないことである。連邦軍に参加したドイツ生まれは二〇万、アイルランド生まれは一五万と、移民の割合が人口比からしても不釣り合いに多かった。

戦時下の北部は、決して一枚岩ではなかった。

戦争の終結

経済力において勝る北部は一八六二年、ホームステッド法を制定し、西部開拓者に土地を無償で与えることを約束し、次に太平洋鉄道法を制定するなどして、西部の支持をとりつけてさらに優勢となった。六三年七月一日から三日にかけて、ペンシルヴェニアの田舎町ゲティスバーグで両軍が対峙、合わせて四万五〇〇〇人以上の死傷者をだす死闘を繰り広げたが、北軍が激戦を制した。

そして一一月、その地での戦没者墓地奉献式で、リンカン大統領は有名なゲティスバーグ演説を行った。時間にして三分ほど、英語でわずか二七二ワードの演説は以下のようなものである。

> 八七年前、私たちの父祖たちは、この大陸に新しい国家を誕生させた。その国家は自由の理念に育まれ、すべての人間は平等につくられたという理念に捧げられた。
>
> 今、私たちは大いなる内戦のさなかにあり、この国が、またこのように育まれ、このように捧げられたあらゆる国が、永く持ちこたえられるのかどうかの試練にさらされている。私たちはこの戦争の激戦地に集まっている。私たちはこの戦場の一部を献じるためにやってきた。この国が存続するようにと、ここで命を捧げた者たちへの最後の安息の地として、である。私たちがそうすることは、全く理に適い、正しいことである。

だが、より大きな意味で、私たちはこの地を捧げることができない。清め捧げることもできない。神に捧げることもできない。ここで戦った勇者たちが、その生死にかかわらず、私たちの弱々しい力をはるかに超越して、この地を聖なる地としたのだ。世界は、私たちがここで述べることに、さして注意を払わず、長く記憶にとどめることもないだろう。しかし、彼らがここで成したことを決して忘れ去ることはできない。ここで戦った人々が気高くもここまで勇敢に推し進めてきた未完の事業にここで身を捧げるべきは、むしろ生きている私たちである。私たちの目の前に残された偉大な事業にここで身を捧げるべきは、むしろ私たち自身なのである。名誉ある戦死者たちが、最後の力をふりしぼってその身を捧げた大義に、より一層の献身を。〔偉大な事業とは〕これらの戦死者の死を決して無駄にしないために、この国に神の下で自由の新しい誕生を迎えさせるために、そして、人民の人民による人民のための政治を地上から決して絶滅させないために、私たちがここで固く決意することである。

リンカンは、北軍の勝利を決定づけた戦地での演説であったにもかかわらず、功を上げた部隊名をあえて挙げることなく、北軍・南軍の区別なく戦死した勇者を顕彰し、霊妙化をはかった。奴隷制にもふれず、ただ独立宣言に謳われた自由の理念に言及することで、生者に自由の新しい誕生をもたらすべく、未完の事業に献身することを呼びかけた。終戦後の国家再建、国民統合を見据えての発言である。また、この演説では、これまで国家を指示する言葉として用いられてきた連邦《ユニオン》の語を用いず、ネイション（演説中の傍点部分）という語を五度にわたって使ったことにも注目しておきたい。南部連合が離脱宣言で主張したのは、「連《フェデラル・》邦《ユニオン》とは、各々が主権を持った独立した州の緩やかな連合に過ぎない」という州権論的国家観であったが、リンカンはこれを否定し、新しい連邦主導の国家建設、新しい国民創造を構想していたのである（次章で詳述）。

　翌年一一月の大統領選では、北部の民主党支持の移民たちの間に、長引く戦争に疲れ果て厭戦気分が漂う中、民主党はリンカンに総司令官の職を解任されたばかりのマクレラン将軍を大統領候補に指名した。マクレラン候補は、リンカンの軍隊を使った恣意的な逮捕、言論・出版の自由の弾圧を批判し、州権の尊重と南部との和平要求を選挙公約に掲げた。だが、リンカンは大差でマクレラン候補を破り再選された（獲得選挙人数は二一二対二一）。上下両院の連邦議会議員選挙でも共和党が完勝した。

図 2–9　リンカンのゲティスバーグ演説（F. C. ランサム作，1938 年）

戦争後半となるこの時期、南部経済はすでに破綻寸前であった。一八六三年以降は各地で食糧暴動が起こっていたし、軍隊内は脱走兵が激増し、南軍の陸軍長官ジェイムズ・セダンは、軍隊の三分の一は当てにできぬと嘆いた。デイヴィス政権に対してジョージア州知事が、徴兵は「州の主権を侵害し、ジョージア州がこの革命に加わった際に支持した原理と真っ向から矛盾する」として、公然と徴兵阻止行動をとるなど、戦争協力を拒否するものが急増した。

図2-10　リンカン．左は大統領選出馬時(1860年2月27日)，右は生前最後とされる写真(1865年2月5日)

一八六四年三月、グラントが北軍総司令官に就任する頃には、人的資源・装備・工業力などあらゆる点で北軍の優勢は明らかとなった。西部戦線では、グラントから指揮権を引き継いだシャーマンが同年五月、アトランタに向けて進軍を開始し、九月にはこの南部心臓部ジョージアの要衝を陥落させた。

その後シャーマンは、南部の戦争継続の意思を挫くべく、大西洋岸のサヴァナに向けて焦土作戦を決行した。進軍に際し、八〇―一〇〇キロに及ぶ幅で道路や鉄道、橋、工場、機械、家畜などが破壊・殺戮された。この大量破壊行為は、二〇世紀の総力戦を予告するものであり、南部人の戦意を喪失させた。ちなみに、アトランタを舞台にした映画『風と共に去りぬ』(一九三九年)は、この戦争経験をもとに描かれている。

シャーマン率いる北軍はさらに北上してサウスカロライナへと進撃し、一八六五年三月にはチャールストンを降伏させた。追い詰められたリー将軍指揮下の南軍は首都リッチモンドから撤退を開始した。同年四月九日、北軍に包囲され食糧も尽き、三万人弱の兵を残すのみとなった南軍はアポマトックスにてグラント将軍に降伏し、南北戦争は事実上、終結した。数週間のうちに、ジェファソン・デイヴィスは逮捕され、他の南軍の部隊も武器を棄てて降伏した。

しかし、リンカンは四月一四日聖金曜日の夜、ワシントンのフォード劇場にて狂信的な南部白人(シェークスピア役者のジョン・ウィルクス・ブース)に至近距離から狙撃され、戦後改革に着手することなく、翌日、亡くなってしまう。

第三章　「再建の時代」
——未完の革命

奴隷解放（『ハーパーズ・ウィークリー』1863 年 1 月 24 日号）

1　南北戦争と戦後改革――「アメリカ国民」の創造に向けて

戦争が残した爪痕――戦死者とアメリカ政治

四年間という長きにわたる骨肉の内戦で、犠牲者の数はアメリカ合衆国史上に前例をみないものとなった。北軍として動員された二二一万三〇〇〇人のうち、三六万四五一一人が死亡、南軍の場合は一〇五万人のうち二五万八〇〇〇人、総計六二万人余りが戦死した。最新ライフル銃の登場など兵器の技術革新もあったが、病気で死亡した兵士の数は、戦場で命を落とした者の倍以上であった。『風と共に去りぬ』で、スカーレット・オハラの最初の夫は、出征後二カ月も経たぬうちに、麻疹《はしか》が悪化して肺炎で死亡するが、これが兵士家族を襲った典型的な出来事だった。伝染性の疾患、駐屯地で流行した赤痢やマラリア、腸チフスなどで病死する者が後をたたなかった。

負傷兵の看護には、南北ともに公式には女性の軍事奉仕は認められていなかったものの、女性ボランティア組織が活躍した。のちにアメリカ赤十字社を設立することになるクララ・バートン（一八二一―一九一二）の負傷兵への看護も南北戦争が初仕事となった。バートンは、戦後になると、南軍が北軍捕虜を収容したアンダーソンビル捕虜収容所などで、飢餓や疾病で亡くなった一万三〇〇〇人の行方不明兵士の遺骨収集、埋葬に尽力した。

一八六〇年の総人口が僅か三一〇〇万人であったにもかかわらず、この六二万という戦死者の数は、表3-1のように、その絶対数においてさえ、独立戦争からベトナム戦争、対テロ戦争まで、合衆国が戦ったどの戦争の犠牲者数よりも大きかった。

この戦死者数を当時の総人口に占める割合で比較してみると、それぞれ人口一万人につき第一次世界大戦で一一・一人、第二次世界大戦で二九・六人、ベトナム戦争で二・八人なのに対し、南北戦争では一八一・七人となる。最も人口の少なかった独立戦争でも、一一七・九人であることから、その社会的影響の大きさを窺い知ることができる。さらに、白人男性のうち一三歳から四三歳まで（北軍の徴兵対象は二〇歳から四五歳まで）の年齢層で算出すると、全体で約八％、北部では六％、南部では一八％が死亡したことになる。

図 3-1 南北戦争では負傷者の死亡率も高かった．写真は看護活動に尽力したクララ・バートン(1865年)．バートンは1881年にアメリカ赤十字社を設立

近代戦争最初の「総力戦」といわれるこの

表 3-1　アメリカ合衆国の戦争別戦死傷者数

	戦死者（戦闘外死亡含む）	負傷者	動員者総数
独立革命	4,435	6,188	217,000
1812 年戦争	2,260	4,505	286,730
メキシコ戦争	13,283	4,152	78,718
南北戦争	498,332	281,881	3,263,363
米西戦争	2,446	1,662	306,760
第一次世界大戦	116,516	204,002	4,734,991
第二次世界大戦	405,399	671,846	16,112,566
朝鮮戦争	54,246	103,284	5,720,000
ベトナム戦争	90,200	153,303	9,200,000
湾岸戦争	1,296	467	2,322,332
対テロ戦争	1,189	5,828	1,428,383

注）Maris A. Vinovskis, “Have Social Historians Lost the Civil War? Some Preliminary Demographic Speculations”, *Journal of American History*, 76(June 1989), pp. 37–38 では，独立革命戦死者は 25,324 名，南北戦争戦死者は 618,222 名となっている．表中の南北戦争負傷者は連邦軍のみのデータ

内戦の膨大な戦死者は、戦後政治における南北間の感情的対立の主たる原因となった。残された家族や復員兵の生活を支えるために設立された年金制度の段階的な拡充を通じて南北戦争後《ポストベラム》期の経済・社会編成やジェンダー、家族構成に大きな影響を与えることとなった。南北戦争の戦後空間に形成された生者たちの愛国主義のかたちは、この戦死者たちの記憶・顕彰をめぐる政治と深く関わっている。

今日のアメリカが軍事化された社会であることは周知の事実であるが、兵士の男らしさや犠牲を英雄的なものとみなす価値観は南北戦争の時期以降に社会に定着した。アメリカ大統領は、憲法第二条第二節の規定により戦時には最高司令官となるため軍人的資質が求められるのだが（歴代四四人の大統領のうち二七人が軍隊経験者）、南北戦争後の大統領は、リンカン以降、グラント、ヘイズ、ガーフィールド、アーサー、ハリソン、そして南北戦争の従軍経験者として最後の大統領となるマッキンリーまで、

ずらりと軍隊経験者が並んでいる。

また、一九世紀後半を通じて一〇〇万を超える復員軍人は、共和党政権にとって有力な票田であり支持基盤であった。共和党政権がいかに復員兵の囲い込みを図ったのかについては、連邦予算に占める復員兵向けの年金支出額が一八九三年までに実に国家予算の四〇%を超えるまでに肥大化したことに端的に示されている(表3-2)。

図3-2 ヴァージニア州コールドハーバーの戦場で遺骨収集に従事する黒人たち(1865年4月)

復員兵は、戦後まもなく米国陸軍軍人会(The Grand Army of the Republic)を結成し、復員兵の雇用確保や、生活補助の年金受給に関するロビー団体として政治活動を行った。一八六六年にイリノイで発足した本組織は、中西部・東部へと拡大し、連邦への忠誠を唯一の資格要件として会員(旧南軍を排除)を急増し、一八九〇年までに四〇万九四八九人に達した。

戦死者を語ることは、古今東西、大衆動員するための最も古典的な手段であり、愛国主義を鼓舞する政治家の政治的資源となってきた。南北戦争を契機に出現し、確固たる地位を得たアメリカの出版文化、とりわけ北部ニューヨークの共和党系新聞、絵入り新聞(illustrated news-

表 3-2　南北戦争年金受給者の推移（1865-1910 年）

年	連邦復員軍人数	軍人年金受給者
1865	1,830,000	35,880
1870	1,744,000	87,521
1875	1,654,000	107,114
1880	1,557,000	135,272
1885	1,449,000	244,201
1890	1,322,000	—
1895	1,170,000	735,338
1900	1,000,000	741,259
1905	821,000	684,608
1910	624,000	562,615

paper)が、戦略的に用いた「血染めのシャツを振る（waving the bloody shirt）」論法については、あとで詳しく論じることにしよう。

「未完の革命」としての南北戦争・再建政治――「アメリカ国民」の創造

本書はタイトルを、「南北戦争の時代 19世紀」としたが、これまで多くの歴史家が、南北戦争をアメリカ史の分水嶺であると指摘してきた。アメリカ史は建国来、南北戦争に向けて流れ、南北戦争からすべてが流れ出したのだ。

ここで南北戦争・再建期の研究史について若干の整理をしておこう。なぜこの戦争は起きてしまったのか、戦争勃発の原因を問う視座が戦争中に提示されて以来、戦争不可避論（必然論）と、戦争回避可能論（当時の政治家の失策の結果）の二つの立場に分かれて、長く論争が展開されてきた。日本では、不可避論が圧倒的で、北部の産業資本主義と、奴隷制に依存した「遅れた前資本主義的生産様式」の南部との対立は必然だったと論じられてきた。現在まで、高校世界史の教科書の多くは南北の異なるシステムの衝突という図式で南北戦争の勃発を説明している。

だが、植民地時代の奴隷制（第一次）とは区別して、建国後の奴隷制を論じる近年の第二次奴隷制論（second slavery）では、奴隷制をめぐり南北別々のシステムが形成されたのでは決してないことが強調されている。研究史上は長らく、革命期の「矛盾」としかみなされてこなかった奴隷制の位置づけを反転させ、アメリカの奴隷制は、独立後に憲法に（婉曲的な表現にぼかされながらではあったが）組みこまれたことで、初めて国家的制度となり、国家の政治と連動して発展することとなったとする。第一章でみたように、ワシントン、ジェファソン、マディソン、モンロー、ジャクソンと南北戦争前の大統領の多くが奴隷所有者であり、奴隷国家としての親奴隷制の政治が展開したとみなされるようになったのである。

そもそも、ウォーラーステインが指摘するように、自由な労働と強制労働の結合が資本主義の神髄である。ホイットニーの綿繰り機の発明以降、奴隷制が産業革命後の新たな資本主義世界経済の主要な構成要素として発展し、奴隷制に支えられた生産体制に資本主義的手法が本格的に導入され、近代的技術革新が奴隷制を立て直し、「機械―奴隷複合体」として第二次奴隷制は花開いていったとされる。南部奴隷制が北部の産業資本主義の阻害要因などではなく、その発展を後押ししたことは、近年のアメリカ資本主義史の主要な論点の一つである。

国内で南北が一体であったばかりでなく、ハイチ革命後の一九世紀の南北アメリカ大陸には、新たな奴隷制圏域（ブラジルのコーヒー、キューバの砂糖、米国の綿花など）が出現していた点も忘れてはならない。南部奴隷農園主の中には、ブラジルのアマゾン流域を米国奴隷制度の「安全弁」と捉え、米国の奴隷による開発を提唱する例もあった。それゆえに、敗戦後には、旧南部連合関係者が国外へと逃亡し、奴隷農園の夢を追い続けることもあった。マクシミリアン統治下のメキシコへ逃亡した旧南軍のジョセフ・シェルビー将軍など、これまでも国境を越える移住例は知られてきたが、奴隷制が存続していたブラジルには、旧南軍退役軍人や旧奴隷主ら、約一五〇〇名が渡航し、奴隷を使った農園の復活を企図した足跡が残っている。これらの地域は、奴隷制を段階的に解体していく過程で、黒人奴隷の代替労働力として中国人苦力《クーリー》らを導入した。アメリカ西部や南部へと導入が図られた中国人労働者も、こうした奴隷制から自由労働制へと向かう、近代世界における労働形態のグローバルな変化の一部であった。

　いまひとつの南北戦争・再建期研究の大転換は、「国家建設《ステイト・ビルディング》」と「国民創造《ネイション・ビルディング》」の視座の導入である。アメリカ政治史の研究に国家の概念を本格導入したスティーヴン・スコウロネクの議論をまず紹介しよう。

　スコウロネクによれば、アメリカ合衆国は一八世紀にヨーロッパ諸国で進行しつつあった国家機構の組織化を拒否することから生まれた。第一巻でも述べられたように、合衆国は、近代の国家機構の核にあるはずの、常備軍や中央集権的な課税権限を拒否して、政府の権力を分散させた。つまりは、「国家不在の状態(statelessness)」が特徴の国であり、主権は一三の州に分掌され、州それぞれが独自の憲法や帰化法、法執行機関を持った。また行政上も常備軍は先住民と戦うための少数部隊のみだったし、官僚制も首都ワシントンの行政省庁は人員も少なく、首都以外で連邦政府が直接統治する国家機関は、税関と郵便局、公有地局ぐらいであった。

こうした国家不在の状況下で、政府としての一体性を保持する役割を担ったのが連邦裁判所と政党であったとスコウロネクは指摘する。裁判所は裁判を通じて連邦法を国民に直接執行する役割を果たし、全国的に統一の法秩序の形成をもたらした。また、政党は、選挙や政治的任命により中央政府と地方をつなぎ、各種機関をつなぐ縫い糸の役割を果たした。このようなアメリカ型国家をスコウロネクは「裁判所と政党からなる国家」と呼んだ。

では、いつアメリカ合衆国は国家建設と国民創造を始めたのか。諸説ある中、本書は南北戦争と再建期こそが、その淵源だと捉える。連邦政府は、総力戦となる内戦を戦うなかで、それまで州に奪われていた通貨発行権を国家主権の名において奪い返し、連邦課税を実施し、財政政策の主導権を握った。さらに、「祖国のために死ぬ」ことを強いる連邦徴兵を、一気に実現していった。

また後述するように、再建期には、市民権法や憲法修正第一三条、第一四条、第一五条などで、連邦市民権の概念を確立し、それまでの連邦と州の関係を大きく変質させて、州に対する国家主権の優越を確立していったのだ。リンカンがゲティスバーグ演説で、「ユニオン」に代えて「ネイション」を使ったのは、南部連合が離脱宣言で主張した、州権論的な国家観を否定するためだった。

では、この再建政治において、奴隷制はいかに解体されたのか。連邦主導の国民創造はどのようなプロセスで進行したのか。奴隷制廃止から社会革命を目指したとされる再建政治はなぜ「未完の革命」に終わることになったのか、見ていくことにしよう。

2　リンカン大統領とジョンソン大統領の再建政策

戦争中の奴隷解放問題

連邦を離脱し、独立国家の樹立を図った南部諸州をいかなる条件で連邦に復帰させるのか。奴隷解放後の解放民四〇〇万人をどう処遇するのか、市民権、さらに選挙権まで付与するのか。南部連合の指導者をどこまで処罰するのか。奴隷プランテーションの財産は没収するのか。

南部のみならずアメリカ合衆国全体の「再建（Reconstruction）」に関わる戦後処理の難題に連邦政府や連邦議会が積極的に関与し、政治課題に取り組んだ時代、それを「再建の時代」（一八六三―七七年）と呼ぶ。

では、再建の時代とは、いったいどのような時代だったのだろうか。
この戦後構想である再建政策は、戦争の終結を待つことなく、連邦軍が南部連合の領土に進軍し、占領を開始して以降、実質的には始まった。繰り返しになるが、リンカンは当初、戦争遂行の目的を南部諸州の連邦離脱阻止、連邦維持に限定しており、決して奴隷解放のための戦争ではないと言明していた。南部市民による奴隷所有は、憲法上も保障された財産権であり、奴隷解放は私有財産権の侵害となる恐れがあったからである。

しかし、戦場の現実が奴隷解放を不可避のものとしていった。連邦軍が南部に進軍すると、プランテーションから逃亡した何千という奴隷たちが軍キャンプを取り巻く事態が生じたのである。マサチューセッツ出身のバトラー将軍は、一八六一年五月には早くも、逃亡奴隷を「戦時禁制品」として没収し、軍隊で使役した。同年八月には、ミズーリのフリーモント司令官が州内の南部連合支持者の奴隷を解放する布告を勝手に出し、翌年五月にはハンター将軍が、サウスカロライナからジョージアにいたる海岸線沿いのシー・アイランド諸島の奴隷に対する解放宣言を出したが、いずれもリンカンが取消に奔走した。

リンカンが、南部占領地での五月雨式の奴隷解放を止めようとしたのはなぜか。それは、奴隷州でありながら連邦に残った四つの境界州が南部側に同調する可能性が、依然としてあったからである。先述の奴隷解放予備宣言でも、境界州の奴隷を対象外としたのはそのための配慮であった。

一〇%プランとウェイド＝デイヴィス法案

リンカン最初の再建政策の立案は、一八六二年四月にバトラー将軍がミシシッピ川河口に位置する港湾都市ニューオリンズを占領した時に遡る。再選をかけた大統領選を翌年に控えていたこともあり、リンカンは占領したばかりのルイジアナに、連邦に忠誠を誓う州政府を早急に樹立することを目的として、一八六三年一二月、「一〇%プラン」を発表した。この再建構想は、(1)南部で反乱に巻き込まれた人々が連邦に忠誠を誓うのであれば恩赦を与え、奴隷財産以外のすべての財産権を保障する、(2)連邦への忠誠を誓う者(忠誠宣誓の権利を剝奪されたのは、南部連合の高位高官のみ)が、内戦前に実施された最後の選挙の投票者数(州白人男性)の一〇%を超えたときに州政府を組織することを認める、という内容であった。

かくして一八六四年四月には、ルイジアナに親連邦の新しい州政府が樹立される。だが、連邦軍は砂糖プランターら連邦忠誠派のプランターからの労働力確保の要望に応え、解放民に対してプランターとの賃金労働者としての労働契約を強制した。そのため、解放民は、自由身分にはなったものの、プランテーションから離れることができず、奴隷時代と変わらぬ状況下に置かれることとなった。その後も、連邦軍はミシシッピ川流域の広大なプランテーションを占領し、七〇万人を超える奴隷がその管理下に入ったが、解放民をプランテーションに留まらせる労働政策は、継承されていった。つまり、リンカンの再建構想とは、南部の占領地域に親連邦勢力を育成して、いかに南部連合を弱体化させ、降伏に追い込むかという軍事戦略上の立場に一貫してたつものだった。

こうしたルイジアナでの解放民の再奴隷化ともいえる事態を、共和党議員は憂慮した。共和党急進派は、解放民に対する①教育の保障、②土地の提供、③投票権の付与、を再建策の柱に掲げていたし、他の議員も、南部連合指導者への寛大すぎる対応に不満を持った。こうして、リンカンの再建構想に不満を持つ者たちが、一八六四年七月、ウェイド＝デイヴィス法案を可決した。この法案は、州の白人有権者の過半数が合衆国憲法に忠誠を誓うまでは、州政府の樹立を認めないとする格段に厳しい内容だった。州憲法制定会議の投票権は、過去において自発的に反乱に荷担したことがないという誓いをした者だけに限定した。また、この法案では解放民の法の下の平等を規定したが、黒人への投票権付与は論外のこととされた。

ウェイド＝デイヴィス法案は、ルイジアナ再建の足かせになると考えたリンカンにより握りつぶされ、まもなく廃案となった。戦時下での再建構想は、内戦の勝利を最優先とするリンカンと、南部社会の社会改革を構想する共和党主導の連邦議会との意見対立もあり、合意形成には至らなかった。だが、終戦間際の時期に二つの大きな決定がなされた。

憲法修正第一三条と解放民局の設置

一つは、大統領の戦時大権として布告した奴隷解放宣言を、合衆国憲法として成文化する憲法修正第一三条の制定である。一八六四年六月、共和党全国大会の前夜、リンカンは党委員長を大統領官邸に呼び、「奴隷制度を永久に廃止する憲法の修正条項を、党綱領の重要な論点として盛り込む」ように指示を出した。この憲法修正案には、民主党を中心に反対意見が多く、六四年には上院を通過するものの下院では三分の二の支持を得られなかった(賛成九三、反対六五)。リンカンは、国務長官スワードとともに熱心に議会工作を行い、翌一八六五年の一月三一日、憲法修正案はようやく成立する(賛成一一九、反対五六、欠席および棄権八)。

第一巻でも述べられたように、合衆国憲法には「奴隷」「奴隷制」の用語は使用されず、「自由人以外の全ての人々」など婉曲的な表現に置き換えられた。しかし、この修正第一三条では合衆国憲法史上初めて、「奴隷制」の語が登場した。第一項では、「奴隷制および本人の意に反する苦役は、適正な手続きを経て有罪とされた当事者に対する刑罰の場合を除き、合衆国内またはその管轄に服するいかなる地においても、存在してはならない」とされ、第二項で「連邦議会は、適切な立法により、この修正条項を実施する権限を有する」とされた。同修正条項は、三六州のうち二七州での批准を受けて、戦争終結後の一二月一八日に成立した(当時否決したケンタッキー州は一九七六年に批准、ミシシッピ州は一三〇年後の一九九五年まで批准がずれ込んだ)。ちなみに、戦時中にリンカンが修正第一三条の可決に奔走する様子は、スピルバーグ監督作品『リンカーン』(二〇一二年)に余すところなく描かれている。

こうして戦後すぐに、国家主権の名において、奴隷解放宣言を成文化した憲法修正第一三条を批准したことで、「奴隷国家」からの決別が宣言され、連邦主導の新たな国民創造の政治が本格的にスタートしたといってよい。

図 **3-3**　人種間対立に介入する解放民局(『ハーパーズ・ウィークリー』1868 年 7 月 25 日号)

いま一つは、一八六五年三月の解放民局(Freedmen's Bureau)の設置である。これは連邦機関が直接介入し、解放民たちを保護し、食料援助、医療活動、教育活動を行う画期的なものであった。戦後社会においては、奴隷制が解体され、解放民が自由労働に基づく生産様式へと移行する中で、この新しい労働制度に適応していくのを援助する施設として活用された。解放民局は、一年限定の期限付きの連邦機関として設置され、最終的には南部白人の避難民をも保護の対象とした。

短期間の組織であったとはいえ、これまで州の管轄だった州民保護に、連邦が直接介入する特例的な措置であり、連邦政府が解放民に対し積極関与する責任があることの立場表明でもあった。緊急食料支援二〇〇〇万食は、解放民やプア・ホワイトを餓死から救い、その医療行為により多くの黒人が病死せずに済んだ。また、黒人教育活動においては、四〇〇〇以上の学校が設立された。その後、北部から黒人教育のためボランティアの白人教師が南部にきて教育を開始し、南部における公教育制度の礎を築いた。南部諸州では、一八七七年までに六〇万人以上の黒人が小学校に登録したのである。

終戦とジョンソンの再建策

六五年四月九日に、リー将軍が降伏し南北戦争は終わった。これにより、いよいよ南部再建が連邦政府最大の課題となってくる。すでにルイジアナ、テネシー、アーカンソー、ヴァージニアで連邦支持派の州政府が成立していた。だが、再選されたリンカンは、二期目の大統領就任式をすませた約一カ月後、終戦からわずか五日目の夜に暗殺され、戦後再建は副大統領から昇格したアンドリュー・ジョンソン(一八〇八―七五)に託されることになった。

ジョンソンは、南部テネシー出身の上院議員であり、もともと民主党員だったが連邦離脱に反対してワシントンに留まったユニオニストという異色の経歴の政治家であった。リンカンは、テネシーが連邦軍の支配下に入るとジョンソンを臨時知事に任命したが、その知事時代に、反乱分子に厳しい態度で臨んだため共和党議員の信任も厚かった。ジョンソンは、自身を南部庶民《コモン・マン》の代表として自任し、南部プランター階級に激しい敵意を抱いており、厳しい南部再建策を実行することが期待された。しかし、大統領に就任すると、予想とは真逆の政策をとることとなる。

ジョンソンは、一八六五年五月の布告にて、連邦に忠誠を誓い、奴隷解放を受け入れることを条件に、南部の白人に恩赦ないし特赦（奴隷を除くすべての財産の回復を含む）を与える再建政策を提示した。その上で、奴隷制の廃止、連邦離脱の取消、南部連合の負債破棄を謳った州憲法を制定することを条件に、州政府の樹立と連邦復帰を許可することにしたのである。

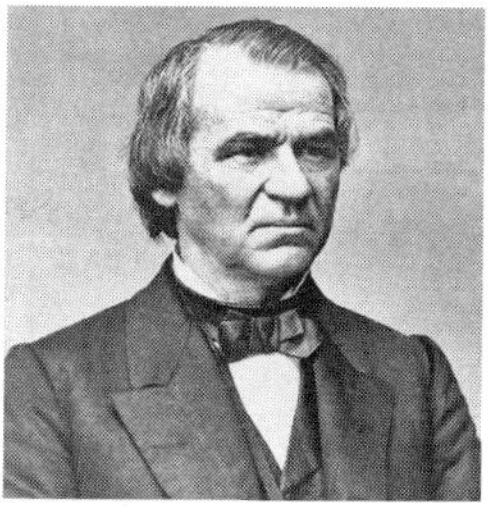

図 **3-4**　アンドリュー・ジョンソン(1855–65 年頃)

南部連合で指導的立場にあった者や、課税対象となる二万ドル以上の財産の所有者も、大統領特赦を申請できたが、当初これらの恩赦を求める宣誓は、ジョンソンが一貫して非難し続けてきた奴隷主階級への復讐であり、戦後政治から彼らを排除するためのものだと思われた。

しかし、ジョンソンが任命した暫定知事らが州憲法制定会議を招集し、即時連邦復帰を前提に州政府の組織づくりを始め、連邦議会議員選挙が実施されると、旧南部連合支持者は続々と当選し、政権中枢へと返り咲いた。ジョンソン自身も方針を転

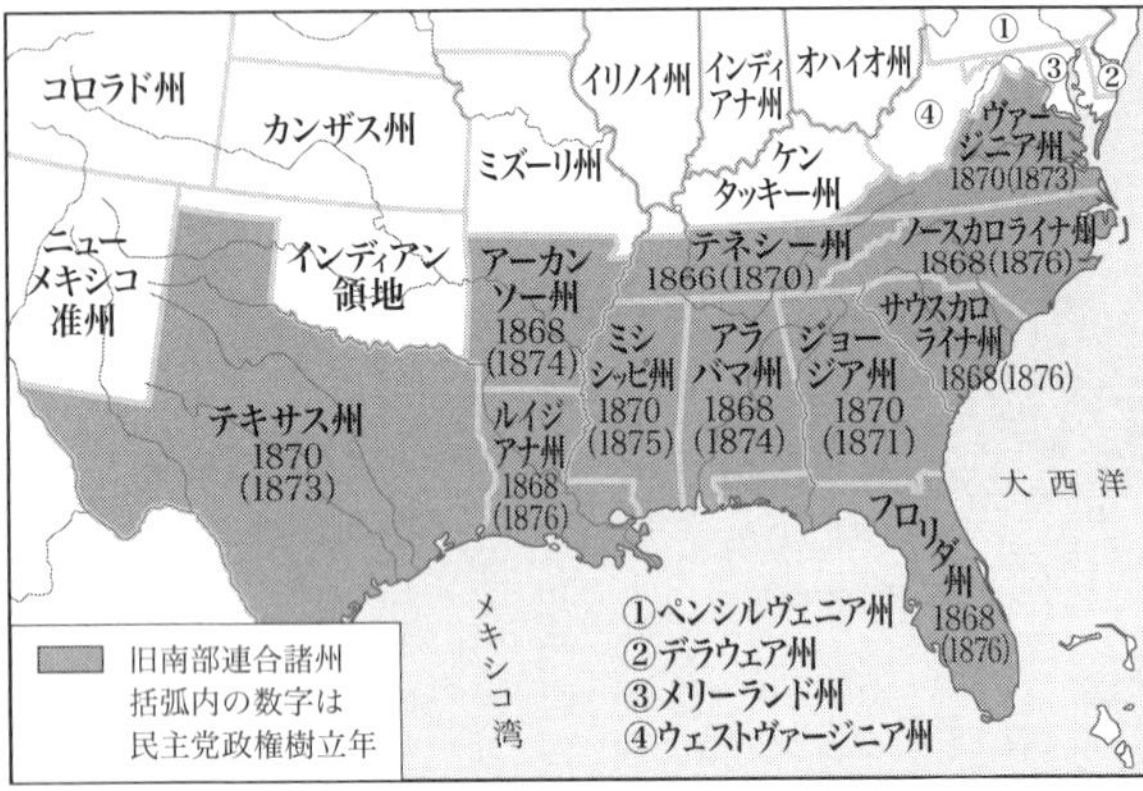

図 3–5　旧南部連合諸州の連邦への復帰年

換して、官職に就けないはずのプランター階級や旧反乱分子を大量に恩赦し始めた。一八六五年の年末に招集された連邦議会には、旧南部連合の副大統領アレグザンダー・スティーヴンスまでいたのである(旧南部連合の大統領ジェファソン・デイヴィスは逮捕され、二年間収監されたが、南部連合の指導者は誰一人、死刑にはなっていない。南軍関係者で唯一死刑となったのは、ジョージア州アンダーソンビル捕虜収容所――四万五〇〇〇人収容した北軍捕虜のうち、一万三〇〇〇人が適切な処置を受けられず死亡した――の所長、ヘンリー・ワッツである)。

ジョンソンの再建構想のもとで成立した南部州政府は、黒人取締法《ブラック・コード》と呼ばれる法体系により、黒人の社会生活と経済生活を統制しようとした。これら新法は、黒人の財産権、結婚権、契約権、訴訟権などは認めていたものの、自由であるはずの元奴隷に通行証の所持を義務づけた。雇用されていない黒人や定住していない黒人を「浮浪者」として取り締まりの対象とし、黒人の土地所有・賃貸を禁止・制限した。つまり、この法律は奴隷制廃止後も、黒人たちを労働力としてプランテーションにとめおくためのものであった。

3　共和党急進派による再建計画

連邦議会とジョンソン大統領の対立

一八六五年一二月、戦後初招集の連邦議会は、このような状況下で船出した。事態を憂慮した共和党は、南部の新州政府が選出した議員の承認を停止し、上下両院合同委員会を設けて再建の課題に改めて取り組むこととした。

ジョンソンの南部宥和策に、連邦議会で真っ向から対峙したのが共和党急進派である。共和党は議会で民主党に対し多数派（およそ三対一）を形成していたが、共和党内のイニシアティヴは当初、穏健派が握っていた。急進派もあなどりがたい存在になりつつあったが、彼らの主張する「黒人への参政権付与」は北部の選挙民から支持をえられないと穏健派は考えていた。だが、ジョンソン大統領が頑なに穏健派の提案する議案に反対することで、結果的に少数ながら急進派が議会運営の主導権を握ることとなっていく。以下、具体的に連邦議会における共和党議員とジョンソン大統領の対立の様子を見ていくことにしよう。

年が明けて一八六六年には、共和党穏健派の大物上院議員ライマン・トランブルは南部再建に関わる、比較的穏健な二つの法案を提出した。一つ目は、三月に期限切れとなる解放民局の延長法案である。解放民の救済・支援において大きな役割を果たしている解放民局の機能強化のため独自の予算を付け、局職員に解放民に関わる紛争裁定の権利と、黒人の権利を侵害する州役人を処罰する司法権を与えるものだった。

もう一つは、市民権法(Civil Rights Act)である。市民権法は、合衆国史上はじめて、「合衆国市民」の概念を公的に定めた、画期的な法律であった。合衆国市民の基本的権利である契約権や訴訟権、法の下の平等、幸福追求権、財産権などについて、人種や肌の色、過去の隷属の状態(奴隷であったか否か)などに関係なく連邦政府が保障するもので、州などによってそれを奪われてはならないと定めた。

市民権法は、建国来、曖昧なまま残されてきた、「合衆国市民とは誰なのか」という問いに答えるものであり、合衆国国民の創造を狙ったものであった。従来の州権に対して、連邦政府が絶対的に優越権を持つことを宣言したのであり、単なる黒人保護の法に留まらない意味を持っていた。

共和党穏健派は、この二法案が発効されれば、南部議員の連邦復帰を容認するつもりだったが、予想に反してジョンソンは二法案に拒否権を発動した。前者について、強固な州権主義者のジョンソンは、連邦が直接、各州の黒人救済に介入することは越権行為だと見なした。後者は、南部諸州が連邦議会に代表を出していない会期中に、「国民」の定義に関わる重大案件を論じるべきではないこと、連邦政府への権力集中を招く恐れがあることなどが、拒否権発動の理由だった。

戦後政治の言論空間――「血染めのシャツ」と絵入り新聞ジャーナリズム

ここで連邦議会の政治からいったん離れて、戦中と戦後政治の言論空間に注目してみたい。近代ナショナリズムの形成において、出版資本主義に着目したのはベネディクト・アンダーソンである。「われわれ」という同胞意識を作る上で、近代の出版文化は重要な役割を担ってきた。実は、アメリカで新聞雑誌がビジネスとして大きく発展したのは、奴隷制問題が国民の大きな関心事となる一八五〇年代だということはあまり知られていないかもしれない。

ステロ印刷などの技術革新もあり、発行部数が急増する南北戦争の開戦当時、南北あわせて二五〇〇種類の新聞があり、北部には日刊紙が二八三紙、南部には八〇紙、ニューヨークだけで一七紙あった。この戦争を機に、特派員や「ボヘミアン・ブリガード」と呼ばれる従軍記者による戦争報道がはじまり、ニューヨークの新聞社が協定して作ったAP通信を通じて、ニュースの電信配信が始まった。各紙が従軍特派員として画家や作家を戦場に送り込み報道合戦が過熱したが、なかでも共和党急進派寄りの『ハーパーズ・ウィークリー』は独自取材によりヴィジュアルな戦争イメージを読者に伝え、戦争報道では随一のメディアとなった。マシュー・ブレディの写真報道や、トマス・ナストら風刺画家による戦場スケッチや政治風刺漫画が有名だが、これらにより戦場から遠く離れた家庭で、人々は戦争記事を読むことが可能となり、南軍の残虐行為や黒人奴隷の悲惨な状況などの視覚的な情報を戦場の「事実」として受け取ることが可能となった。こうして読者が同時に同じ情報を消費する儀式が誕生したことが、「アメリカ人」という国民意識を創出する跳躍台となったことは言うまでもない。

ここで、第一巻の「おわりに」で出された問い、なぜ星条旗が南北戦争において確固たる地位を得るのか、その謎解きをしておこう。起点となった一八一二年戦争以降、アンテベラム期にゆっくりと星条旗は陸海軍のみならず絵画や陶器などのモチーフとして用いられるようになってはいったが、定着とは言い難い状況だった。旗章学者グインターが指摘するように、一八四七年頃から星条旗の大量生産が可能になったことも理由の一つではあるが、南北戦争が転機となって星条旗が連邦や愛国のシンボルとしての地位を不動のものにしていったのは、戦時下での軍隊による国旗の使用法の変化——兵士の出征・復員、戦場や船上での戦旗掲揚、戦死者の棺の覆い、教会の説教壇——に起因している。サムター要塞の三三星旗しかり、こうして、愛国のシンボルとなった星条旗を、北部の共和党系メディアが取りあげ、国旗に纏《まつ》わる物語、伝説を作り出していったことが決定的となった。

たしかに、『ハーパーズ・ウィークリー』に掲載された図像を分析してみると、この時代から明らかに星条旗が連邦への忠誠のシンボルとしての地位を確立するとともに、その過程で軍隊と無名戦士の死が旗とセットで大量に描かれ、星条旗をモチーフとした忠誠心、愛国心が明確に視覚化されてくることがわかる(図3-6)。

図 3-6 「勇者に名誉を与えん」. 星条旗がかけられた兵士の棺の前で哀悼する自由の女神(『ハーパーズ・ウィークリー』1863年10月24日号)

このような星条旗と一体となった愛国の党として、また奴隷解放を達成した政党として、共和党は、国旗とともに、北軍兵士の犠牲を象徴する「血染めのシャツ」を振る辛辣なレトリックを用いて、戦後の言論空間を支配した。

再建期の民主党員を「裏切り者」「非愛国的」と貶めるこうしたメディア戦略をとった背景には、党内他派との不安定な関係や、急進的な黒人政策への反発から急進派の議会運営が盤石ではなかったがゆえに、これにより共和党員を一枚岩にまとめあげる意図があったのではないか。急進派のスティーヴンスがこの論法の急先鋒であり、「私たちの五〇万人の同胞を大量殺戮した奴らをどうぞ許さないでください。〔血染めの〕シャツが乾き、着替えができるまでは。私の親族の血のにおいが衣服に染み付いた奴らの隣に座りたくはないのです」といい、南部人の戦争犯罪を印象づけた。またオリヴァー・モートンは「あらゆる罪深い反逆者は民主党員を自称する。連邦軍の捕虜を殺害した者、……彼らはみな民主党員を自称する」と発言し、血染めのシャツを振り復讐心を露わにする一方、奴隷解放の大義を説いたのである。

北軍戦死者を使ったこのようなレトリックが威力を持ったのは、この未曽有の内戦の後、共和党政権がこの戦争で「国（連邦）のために戦った」勇敢な復員軍人たちを英雄として扱い、彼らが戦後社会の市民的モデルとなっていったことと関係しているように思われる。逆に、旧南軍は裏切り者扱いされ、北部の怨嗟《えんさ》のターゲットとなった。このように、南部や民主党への怨嗟と不信感を効果的に利用したことが、共和党の躍進を決定的なものにした。

北軍兵士の「名誉の戦死」の物語は人気を集めたし、復員兵を扱った記事には名誉の傷を負った黒人兵が登場する頻度が高い。黒人奴隷解放のための徴兵を忌避し、暴動を起こしたアイルランド系移民が、戦後の愛国的な国民共同体の外側に置かれたのとは対照的に、トマス・ナストを始め多くの政治風刺画家が、黒人兵を英雄視して描いている点は興味深い。当時のメディアは、愛国主義を担う「アメリカ人」として黒人を認知し、やさしく抱擁していた。

憲法修正第一四条と南部の拒絶

ジョンソン大統領と共和党各派の対立が激しくなる中、市民権法（一八六六年四月）と解放民局法（七月）は大統領の拒否権を乗り越え成立した。だが、ジョンソンの頑なな姿勢は共和党全体を強硬路線に向かわせ、党内のイニシアティヴは一気に急進派へと移っていった。

チャールズ・サムナーやサデュース・スティーヴンスなど急進派議員とはどのような人物であったのか。彼らの中には南北戦争前《アンテベラム》に奴隷制廃止運動に関わった者が多く、選挙区はニューイングランドと中西部に集中していた。

共和党急進派の政治思想は、自由労働イデオロギーと自然権思想に基づく平等主義からなり、強力な連邦権限の下、「異質な分子を可能な限り国民化（市民化）」するラディカルな国民統合の見取り図を持っていた点に特徴がある。彼らも黒人は白人より劣る人種だと考えていたが、奴隷制は人間の「法の下での平等」を侵害し基本的権利を否定しているがゆえに、道徳的に悪だと批判した。万人平等を謳った独立宣言に立ち返り、すべての人の法的、政治的平等が保障されるべきとの立場をとったのである。

それゆえ、「アメリカ人」の境界が流動化し国民の再定義がなされるこの再建期の連邦議会では、解放民に限らず、中国人移民や（白人）女性など他のマイノリティ集団への市民権や投票

図 **3-7** 黒人への敵意から，和解と顕彰へ．(上)「徴兵逃れのやり方」．ニューヨーク徴兵暴動で，子どもを抱える黒人をアイルランド系暴徒が襲っている(『ハーパーズ・ウィークリー』1863年8月1日号)．(中)「認め合う男たち」．片足を失った白人と黒人の復員兵の握手．「勇敢さ」の強調(同1865年4月22日号)．(下)「赦免と投票権――「信頼できるのはどっち？」」．ミス・コロンビア(アメリカの象徴)に跪く南軍リー将軍と，顕彰される黒人兵(同1865年8月5日号)

権付与が討議された。結果的には認められなかったものの、建国当初の一七九〇年に定められた「自由な白人」にのみ市民権申請を許した連邦帰化法に対する改正の提案（具体的には「白人」という人種条件の削除）があり、国民の定義の核心にあるホワイトネスすら争点となったのである。

党内では、市民権法を憲法に組みこむことで、大統領の拒否権が及ばぬようにしようと、憲法修正第一四条が提案された。

憲法修正第一四条は、現在までに二七ある修正条項の内でも最も重要な条項の一つであるので、以下に全文を載せる。

修正第一四条〔一八六八年確定〕

第一節　合衆国において出生し、またはこれに帰化し、その管轄権に服するすべての者は、合衆国およびその居住する州の市民である。いかなる州も合衆国市民の特権または免除を制限する法律を制定あるいは施行してはならない。またいかなる州も、法のデュー・プロセスによらないで、何人からも生命、自由または財産を奪ってはならない。またその管轄内にある何人に対しても法の平等な保護を拒んではならない。

第二節　下院議員は、各州の人口に応じて、各州に配分される。各州の人口は、納税義務のないインディアンを除いた総人口とする。しかし、もし合衆国大統領および副大統領の選挙人の選任、連邦下院議員、各州の行政官および司法官、またはその州議会の議員の選挙に際して、いずれかの州が自州の住民である男子の内、二一歳に達しかつ合衆国市民である者に対して、反乱への参与またはその他の犯罪以外の理由で、投票の権利を拒み、またはなんらかの形で制限する場合には、その州より選出される下院議員の数は、これらの男子市民の数がその州における二一歳以上の男子市民の総数に占める割合に応じて、減少される。

第三節　連邦議会の議員、合衆国の公務員、州議会の議員、または州の執行部もしくは司法部の官職にある者として、合衆国憲法を支持する旨の宣誓をしながら、その後合衆国に対する暴動または反乱に加わり、または合衆国の敵に援助もしくは便宜を与えた者は、連邦議会の上院および下院の議員、大統領および副大統領の選挙人、文官、武官を問わず合衆国または各州の官職に就くことはできない。但し、連邦議会は、各々の院の三分の二の投票によって、かかる資格障害を除去することができる。

第四節　法律により認められた合衆国の公の債務の効力は、暴動または反乱鎮圧のための軍務に対する恩給および賜金の支払いのために負担された債務を含めて、これを争うことはできない。但し、合衆国およびいかなる州も、合衆国に対する暴動もしくは反乱を援助するために負担された債務もしくは義務につき、または奴隷の喪失もしくは解放を理由とする請求につき、これを引き受けまたは支払いを行ってはならない。かかる債務、義務または請求は、すべて違法かつ無効とされなければならない。

第五節　連邦議会は、適切な立法により、この修正条項の規定を実施する権限を有する。

修正条項の作成にあたり、第四節にある南部連合の債務帳消しと、合衆国の戦争債券を保証することは、全員が意見を同じくしていた。また、第三節にあるように、南部連合指導者は、連邦であれ州であれ、官職に就くことが禁じられた。この政治的懲罰の条項を解除するには、連邦議会両院の三分の二の支持が必要であるとした。

第一四条のうち、後世への影響が最も大きな条項となったのは第一節である。これは、南部諸州が再建初期に作成した黒人取締法を無効とし、解放民に基本的権利を保障しようとするものだった。州に侵害されない連邦市民権という概念が憲法で明文化され、また不文律となっていたものの憲法上は明示されていなかったイギリスのコモン・ローにもとづく「出生地主義」が正式に組みこまれ、出生と帰化のいずれかで市民権が付与されることが明確となった。また、いかなる州も「法のデュー・プロセス」なしに生命・自由・財産を奪うことはできないとしたことで、以後、マイノリティが州法の差別立法に抗う強力な武器となっていった。

図 3-8　黒人たちの初めての投票（『ハーパーズ・ウィークリー』1867 年 11 月 16 日号）

第二節は、代議員定数を扱ったものだが、第一巻で詳述された、悪名高い五分の三条項（憲法第一条第二節第三項。第一巻一五六頁参照）の「その他すべての人々（＝黒人奴隷）の五分の三」という文言が削除されたことに注目しよう。この条項は、たしかに共和党議員の人種平等の理念を反映したものでもあったが、後段を読めば、より深い政治的意味が込められていることがわかる。元奴隷の分まで五分の五として換算され、しかも黒人の投票が許されないのであれば、南部出身の下院議員定数は増員され、南部の力は増強されてしまう。だが、それゆえに、条項は南部諸州が黒人に投票権を付与するように案を練った。南部が黒人に投票権を付与しなければ、議員定数はそれに応じて減員され、黒人に投票権を付与すれば、それに応じて議員定数が増員された。後者になれば、共和党員は新しく投票権を得た黒人票により、南部で勝てると読んだのである。結果、再建期の南部諸州では、黒人たちの票に依存して共和党は勝利を収めていくのである。

もう一つ、投票権に関して重要なのは、修正第一四条が、選挙資格に関してはじめて「男子」という言葉を用いたことであった。ジェンダーの視点からみれば、白人、黒人を問わず、女性市民を埒外に置いていた。第一章で論じたように、一九世紀前半からの奴隷制廃止運動はつねに女性運動と連動していた。修正第一四条の起草段階では、女性運動家らは女性への参政権付与を請願したが、聞き入れられることはなかった。スーザン・アンソニーやエリザベス・スタントンらは、これに猛抗議したが、結局はアンテベラム期の男女の非対称な権力関係が再強化されたのである。以後、女性運動は黒人運動と袂を分かち、独自の運動を展開し始めることになる。

図 **3-9** エリザベス・スタントン

一八六七年軍事再建法とジョンソン大統領の弾劾裁判

共和党各派と大統領の対立はますます激しさを増した。来たる一八六八年の大統領選への再出馬をジョンソンはにらんでナショナル・ユニオン党を結成し、一八六六年秋の中間選挙にのぞんだ。当時としてはめずらしいことであったが、大統領自らが中西部まで遊説に出かけ有権者に呼びかけたものの、結果は共和党の圧勝で、大統領は完敗を喫した。新党を結成したとはいえ、再建法に反対し、黒人への人種差別主義的な態度という点では、反動的な民主党と同類であることは明々白々だったからである。

それでも、ジョンソン大統領は修正第一四条を拒み続け、テネシー州(六六年七月に批准)を除く南部諸州もそれに従った。一八六六年一二月に招集された連邦議会(第三九議会第二会期)では、穏健派までがジョンソン大統領の再建策を破棄して、行き詰まりを打破するためにも、南部州政府を転覆する必要があると公言し始めた。

急進派主導で、議会は六七年三月には、(第一次)再建法を成立させた。本法は、テネシーを除く一〇の南部諸州を五つの軍管区に分けて軍政下に置くもので、いわば連邦権力による軍事力で南部を銃剣支配する施政であり、ジョンソンの州権論的再建とは正反対のものだった。

これらの州が連邦に復帰する条件として、軍政下の南部は、①黒人参政権を含む州憲法をあらためて制定すること、②有権者の過半数が新憲法を承認すること、③憲法修正第一四条を批准すること、が求められた。だが、南部一〇州は再建法に抵抗し、新州憲法制定へとは動かなかった。連邦議会はやむなく、現地の軍政司令官に、選挙権を得た黒人らを任命して再建法に定められたプロセスを開始する第二次再建法を制定し、議会主導の再建を本格化しようとした。

だが、ジョンソン大統領は再建法成立後も、態度をあらためることはなかった。急進派からは憲法第二条の規定に従い大統領を弾劾すべきとの案もでていたが、共和党穏健派は議会により大統領の権限を制限することで対抗を試みた。まず手始めに、大統領がこれまで決めていた連邦議会の招集日を議会が決められるようにした。次に、大統領の軍隊への権限規制のため、大統領が軍事命令をだすときは、必ずグラント将軍を通さねばならず、将軍が上院の合意なしにワシントンから現地に出動することは認めないことを議決した。さらに、議会は官職保有法によって、重要ポストにあたる閣僚の解任に上院の同意を義務づけた。

ジョンソンは、対抗措置として、急進的南部再建を推し進めようとする軍政司令官数名を解任し、保守的な将軍を後任につけた。さらに、リンカン政権以来の陸軍長官スタントンを、上院の反対を押し切り解任したことで、議会と大統領の対立は頂点に達した。官職保有法を無視したこの行動は、大統領弾劾に反対してきた穏健派まで支持派へと変えた。

一八六八年二月二四日、下院は一二八対四七で大統領弾劾を決議し、上院での裁判は三カ月続いた。史上初の試みに、議会と大統領の関係をめぐり三権分立の原則が破綻することになりはしないか、など議論が沸騰した。五月一六日、運命の日、上院議場の傍聴席は満杯となり、議場外にも数千の人が集まり、ワシントン全体が緊張の瞬間を見守った。正午、最高裁長官サーモン・チェイスが議場に入場、そこには全上院議員五四名が揃っていた。被告となった大統領は、出頭して発言することはせず、ホワイトハウスで待機した。チェイスは上院議員ひとりひとりに、「被告アンドリュー・ジョンソン大統領は、起訴状にあるとおり、重大犯罪を犯したと思いますか」と尋ねた。結果、三五人が「有罪《ギルティ》」と答え、一九人が「ノー」と答えた。大統領罷免に必要な三分の二に一人足りず、かろうじてジョンソンは弾劾を免れた。

実際には、事前に政治的判断が働き、共和党穏健派と大統領との間で、再建法の施行を妨害しないことを大統領が約束したことで、話がついていたとも言われる。残りの任期数カ月、ジョンソンは大統領職に留まった。

ちなみに、アメリカ政治史でその後、大統領が弾劾裁判に持ち込まれたのは、一九九九年のクリントン大統領のケースのみである(不倫疑惑での偽証による訴追。有罪評決に必要な三分の二に足りず、罷免を免れた)。ニクソン大統領は、一九七四年、ウォーターゲート事件をめぐる司法妨害で弾劾訴追が決まったが、自ら辞任したため弾劾裁判は行われなかった。

4　再建下の南部社会――解放民の生活と失われた大義

解放民にとっての奴隷解放の意味

次に、連邦議会の政治の世界から離れて、再建下の南部社会の日常に話をしばし移そう。

解放された黒人らにとって「自由」とは、法律が定める権利保障とは別に、奴隷制が彼らに強いてきた無数の不正行為――鞭打ちの処罰、家族の分断、教育の機会の剝奪、黒人女性の性的搾取――からの解放を意味した(章扉の風刺画参照)。

戦後、解放された黒人たちが最初にやったことは、夫や妻、子どもや両親を求めて長い旅にでかけることだった。その数は数万人にのぼったとされる。奴隷制下では、正規の結婚制度の枠外におかれ、家族をつくる権利を奪われていた黒人たちであるが、断片的な情報をもとに、いくつもの州をまわって家族探索を行ったのだ。

だが、南北戦争を転機にこの四〇〇万人の黒人たちが結婚し家族をつくるようになる変化が、歴史家ナンシー・コットが指摘するように、アメリカのジェンダー秩序とともに人種や市民の境界線を再構築することになった点には注意が必要である。前節で扱った勇敢で男性的な兵士図像が簡単に人種の境界を越えて描かれたのに対して、結婚や家族形成については同一人種同士であることが規範化し、民主党が戦時中から打ち出していた人種混交禁忌の感情がベースとなった。

たしかに共和党急進派が牽引したカラーブラインドな社会構想は、人種混交を禁止していた多くの州で戦前の人種混交禁止の州法の適用を停止させ、ミシシッピやサウスカロライナなど南部七州では禁止法が一時的に撤廃された。だが、南部諸州は政治的・経済的混乱のなか、結婚権を認められた解放黒人対策として、戦前からの異人種間結婚禁止法を時機をみて更新し、法を新たに整備した。再建期には最終的に全米で一〇州が禁止法を撤廃したものの、再建末期の一八七五年には二三州、一九〇〇年には二六州と禁止法は拡大していった。共和党政権は解

図 **3-10**　「プランテーションから連邦上院へ」．再建期に連邦議員となった黒人たちを記念して作成されたポスター(1883年頃)．左から，ハイラム・レヴェルス上院議員，ベンジャミン・ターナー下院議員，リチャード・アレン牧師，フレデリック・ダグラス，ジョサイア・ウォールズ下院議員，ジョセフ・レイニー下院議員

放民局の「市民」化教育の柱に、一夫一婦制の家族を形成し、家族性を育成することを据えたが、それはあくまで黒人間の婚姻を前提としていた。

解放黒人のみならず、アジア系との婚姻を禁忌とする規定を持つ州は一八六九年までに五州、一九三九年には一五州まで拡大していった。他にも先住民やメキシコ系など多様なマイノリティを射程に収めた巨大な差別制度として、婚姻をめぐるこうした法体系は、白人優越主義のイデオロギーを日常レベルで支えたのである。

さらに、戦前では考えられなかった、解放民にとっての大きな「自由」は、政治参加の機会を得たことであった。終戦直後、フレデリック・ダグラスは、「奴隷制は黒人が投票権を獲得して初めて廃止される」と述べたが、再建諸法は、たちまち黒人たちに政治参加の機会を作り出したのだ。一八六八年から七〇年にかけて、黒人はどんな選挙でも投票所に熱心に足を運び、権利を行使した。黒人の投票率は常に九〇％を超え、南部共和党政権は、その支持票の八〇％を黒人票に依存するありさまだった。黒人たちにとって、共和党は「自分たちを解放してくれた政党」であり、出エジプト記に照らして解釈すると、共和党こそが神による救済を実現する政党だった。

黒人たちの中には、このラディカルな政治の時代に、州議会や連邦議会の議員になる者もあった。この事態を南部白人は、無知な「黒人による支配」と激しく非難したが、その批判は的外れである。議員に選出された黒人は、必ずしも文字が読めない奴隷出身者だったわけではない。五分の四は文字が読め、四分の一は自由黒人であった。また、黒人の官職占有率は一五％から二〇％に過ぎず、人口比で言えば決して多いわけではなかった（州ごとの白人・黒人比率は、図２-１を参照のこと）。ましてや、南部選出の連邦議員に黒人（全部で一六名）が占める割合（一八六九―七七年）はわずか六％に過ぎず、州知事には誰ひとりなっていない。

むしろ、再建州政府を支配していたのは、南北の白人たち――北部から南部へ来た「カーペット・バッガー」と南部出身の白人「スキャラワッグ」――であった。黒人が八割を占める票の残り、二割の票を投じているに過ぎない白人が党や官職を独占していたのである。

南部共和党とカーペット・バッガー、スキャラワッグ

黒人共和党員の同盟者として、保守派からしばしば攻撃された「カーペット・バッガー」や「スキャラワッグ」と呼ばれた白人は一体どのような人たちだったのだろうか。

「カーペット・バッガー」とは、再建期に北部から南部に移住してきた白人である。敗戦した南部に絨毯の生地で作った旅行鞄を持ってやってきて、戦利品をくすねようとする白人共和党員を、南部人が蔑んでつけた呼称である。この言葉は、アメリカでは政治用語として、出生地でもない何のゆかりもない場所から政治家が選挙に出て当選した場合などにいまでも用いられる。

近年の研究によれば、南部人の風聞とは異なり、南部に定着した北部人の多くは、黒人に投票権が与えられる前に移住してきたとされる。温暖な気候を求め、プランテーションを購入したり、解放民を雇用したりする実業家で、知事職に就く者もいたが、大半は政治には関与しなかった。北軍の復員兵が多く、彼らは南部を民主化し、北部的な改革の精神――工業や公教育、企業家精神――を導入したいと考えていた。

また、戦後、南部で共和党に協力した白人は軽蔑的に「スキャラワッグ」(「穀潰し」の意味)と呼ばれた。彼らもまた、解放民やカーペット・バッガーと連携して、南部の政治・経済を新しく生まれ変わらせることに情熱を燃やした。彼らの大部分は、山岳地帯や小農地域出身の自

営農階級であり、共和党が推進した公教育などの機会で恩恵を受けることができると考えた平均的な南部白人であった。長い間、彼らはプランター階級の寡頭支配に不満を募らせており、共和党と連携することで、南部におけるプランター支配を打破できると考えていた。

このように再建下の南部共和党政権は、黒人と白人とのこわれやすい人種と階級の同盟の上に成り立っていたのである。

解放民の経済状況――「四〇エーカーの土地と一頭のラバ」とシェア・クロッピング制

解放された黒人たちの生活環境、経済状況はどうだったのだろう。

戦争中、奴隷たちは、連邦軍がやってくると、プランテーションを離脱して彼らの後を追った。奴隷たちにとって、自由とはプランテーションに拘束された生活から解放されることであり、移動の自由を得ることだった。

戦争が終わると、かつてのプランターの館近くの奴隷居住区を離れて、黒人家族で居住区作りを始めた。白人との間に距離を置き、人種分離を望んだのは黒人のほうだった。黒人たちは、メソディスト派やバプティスト派の黒人独自の教会を組織し始めた。解放後、「自由以外に何もなし」の状態で放り出された黒人たちはコミュニティを作り始めたのだ。

終戦後、綿花農園の再開を急ぐプランターは、黒人取締法《ブラック・コード》で移動の自由を奪い、プランテーションに縛り付けようとした。しかし、黒人たちはこれを拒んだ。戦後直後より「四〇エーカーの土地と一頭のラバ」という言葉が南部黒人のあいだに広まり、プランターの土地がこれまでの無償労働に対する補償として分配されることを彼らは期待したのである。

この政策は単なる噂話ではなかった。共和党急進派は、南部改革のため、プランターの土地を没収しそれを解放民に分配し、黒人たちを自営農とする提案をしていたからである。政治的自由も経済的な裏付けがなければ、改革は実効性がないと捉えていた。だが、実際には、シャーマン将軍の指揮下で、ジョージアとサウスカロライナの沿岸地区のごく一部で例外的に分配が行われた(のちにジョンソン大統領が返還命令)だけで、解放民局による土地の斡旋もあったが、民主党員や他の共和党員の反対から頓挫していった。

先述の西部開拓のためのホームステッド法(一八六二年)では、白人の独立自営農向けに一区画一六〇エーカー(東京ドーム一四個分)の土地が無償で払い下げされたのに対し、黒人向けにはその四分の一の区画分配ですら成功しなかったのである。

結局、解放民は生活のため働かざるをえず、戦前からの土地を守ることのできたプランターたちは彼らと労働契約を結び、結果としてシェア・クロッピング(分益小作)制度が生まれた。これは土地の賃料と貸付品(農具、ラバ、種など)の代金を、農民が収穫した作物で地主に払う制度である。この制度は黒人農民の家族労働を基盤に一八七〇年代には南部社会に定着していくが、綿花生産を強制されるなどプランターとの関係はきわめて従属的なものであった。また、プランターからだけでなく、農村の商人らからも生活品を現物で前借りし、綿花で債務を返済するクロップ・リエン制度によって、解放民は借金まみれとなり、ますます土地に縛られることとなった。

シェア・クロッピング制の定着に伴い、南部農業は戦時の市場喪失を挽回すべく、戦前よりもなお一層の綿花生産へと過剰依存していった。八〇年代になるとさらに綿花栽培の強制は徹底し、黒人ばかりか、白人貧農まで巻きこんでいき、南部の農民の一〇家族のうち七家族までが食糧自給の能力を失っていった。

5 再建政治の終焉

クー・クラックス・クランの暴力とグラント政権

一八六八年五月のジョンソン大統領の弾劾裁判へと至る政治的緊張は、ラディカルな政治への不信を生み、急進派以外の穏健派らを勢いづかせることになった。これまで再建政策を推進してきた共和党急進派は、徐々に求心力を失っていった。人種平等を希求した急進的改革の時代は終わり、共和党は「黒人をめぐる苦闘」から解放され、これ以後、経済不況や失業、通貨財政政策などの政治課題に重心を移していくことになった。

一八六八年の大統領選では、こうした国内経済の発展を担う安定と平和の回復が共和党の基本方針となり、「内戦の英雄」から「平和の英雄」へと鞍替えをはかるユリシーズ・グラント(一八二二―八五)が候補者となった。一方の民主党は、元ニューヨーク州知事のホレイショ・セイモアを担いだが、図3-11の風刺画(共和党系新聞が批判したもの)に描かれているように、相も変わらずの「再建政治反対、白人の統治」を謳う人種差別主義的な選挙戦術がとられた。

一八六八年選挙では、南部でクー・クラックス・クラン(KKK)による暴力行為が激化し、共和党を支えてきた黒人票を奪うためあらゆる手段が用いられた。白人至上主義の秘密結社であるKKKは、南北戦争直後の一八六五年一二月に南軍退役軍人のネイサン・フォレスト(図3-11「これが白人の政府だ」の挿絵の中央の人物)らによってテネシー州で設立されたとされる。白いガウンと三角頭巾という衣装でリンチを行い、黒人を暴力により支配しようとした。

六八年選挙では、ルイジアナやテネシー、ジョージア、アーカンソーで南部共和党員や黒人の投票を阻止するためにあらゆる手段が用いられた。アーカンソーでは連邦議員含め二〇〇人が殺害され、ジョージアでは黒人の選挙登録が九三〇〇を数えたのに、実際に投票できたのはわずか八七票というありさまだった。だがこうした不正な選挙妨害はかえって北部の反感をかい、グラントの圧勝を許す結果となった。

グラント大統領は、再建支援のため、時に武力を用いたが、極力、南部の軍事占領とは距離をとった。連邦軍はといえば、急激な動員解除により、一〇〇万人以上いた兵士は、六五年のうちに五万七〇〇〇人にまで減少した。それ以降、南部占領に動員された連邦軍兵士の数は減り続け、一八七四年にはテキサスを除く全南部諸州に四〇八二人が駐留しているのみだった。再建期を通じて、連邦軍の最強部隊はテキサスおよび西部に派遣され、次章で詳述するように、南部白人とではなく先住民との戦闘を主な任務とした。

ジョンソンからグラントへと大統領が代わったのを機に、共和党急進派は一八六九年二月二六日、憲法修正第一五条を提案した。急進派の勢いは弱くなっていたが、この修正案は、アメリカ市民の投票権は、「人種、肌の色あるいは過去の隷属の状態を理由に」、州によって否定されてはならない、と規定していた。南部の四州が批准を否決したものの、北部諸州がこの原則を受け入れたことで、一八七〇年二月三日に批准された(三月三〇日に発効)。

一八七〇年、七一年には、KKKの激しい活動や北部での民主党の選挙不正防止に連邦軍を派遣する必要が生まれ、連邦議会は二つの強制法(一八七〇年法と一八七一年法)とKKK法を成立させた。

一八七〇年の修正第一五条は、再建政治を「未完の革命」に終わらせる決定打となったと言えるかもしれない。共和党は、スワード国務長官が打ち出した自由移民奨励の原則を政治理念として支持し、グラント大統領は米中間の自由移民を奨励するバーリンゲイム条約の締結をも支持していた。しかし、こうした移民国家としての高邁な理想にもかかわらず、投票権付与の憲法修正によって、皮肉なことに各州が政治的思惑から投票の質を維持するため、人頭税や識字テスト、財産規定などにより、合衆国国民にふさわしい「市民」の選定・排除を開始したのだ。中国人労働者を積極的に受け入れていたカリフォルニアでも、共和党創設の立役者コーネリアス・コールまでが「修正第一五条により中国人に投票権が付与される事態となれば、わが党は息の根をとめられるであろう」と政治の急進化に躊躇をみせたのである。

一八七二年大統領選――リベラル・リパブリカン運動

グラントが二期目を目指すこととなった一八七二年の大統領選では、再選に反対する「リベラル・リパブリカン」たちが、『ニューヨーク・トリビューン』のホレス・グリーリーを大統領候補に担ぎ、第三政党運動を展開した。

リベラル・リパブリカンの挑戦は、グラント政権の腐敗への不満の高まりを示していた。彼らはクリーンな公務員制度改革を唱え、連邦政府による強権的な南部の銃剣支配に反対した。前章で述べたように、一八五四年に奴隷制拡大反対をスローガンに誕生した共和党は、自由土地党やホイッグ党、民主党など多様な政党出身者からなる政党だった。いまや内戦に勝利し、奴隷制を解体し、南部再建に目途をつけたことで、共和党は歴史的役割を終えたと彼らは考えた。グラント政権では新興の金融資本等との政治的癒着が起こり、クレディ・モビリエ事件（ユニオン・パシフィック鉄道の建設会社が、公有地の払い下げなどで便宜を図ってもらうために、グラント大統領を含む有力政治家に会社の株券を市価の半額で譲渡した事件）など、汚職事件がたびたび起きたため、共和党は変質してしまったと考えた。

選挙では、民主党もグリーリーを指名したが、リベラル・リパブリカンと民主党の連合の力は、限定的なものだった。グラントは北部全州で勝利し、一般投票の五五％を得た。これは一九世紀合衆国政治史上、最高の得票率であった。

だが、二期目のグラント政権では不正疑惑がもちあがるたびに、国民の不満は高まった。一八七四年の中間選挙で民主党が、南北戦争後初めて、連邦下院の過半数を得たのはその証左だった。共和党が議会と大統領府のいずれをも支配する時代は、いよいよ終わろうとしていた。

一八七六年選挙と再建政治の終焉

一八七四年の中間選挙での民主党の勝利は、グラント政権の南部再建問題への態度をさらに弱腰なものへと変えた。ルイジアナでは、知事選をめぐる対立から、一八七二年には二〇〇〇人の連邦軍を派遣して鎮圧するなどしてきたが、七四年には白人至上主義者がホワイト・リーグを結成して、旧南軍兵士を中心に三五〇〇人が武装蜂起するに至った。彼らは黒人州兵をけちらし、州議会議事堂や武器庫など主要な施設を占拠した。グラントは同年、連邦軍を送り、それを世論も支持した。だが、州議会議場にまで軍隊が入り政治に介入する事件が起きると、世論は一転、グラントを非難し、以後、軍事介入には慎重となった。

一八七五年九月には、南部共和党員への襲撃事件が相次いだミシシッピ州知事から連邦軍派遣の救援要請があったものの、グラントはそれまでとは一転して連邦軍を派遣しなかった。グラント曰く、「アメリカの国民は、毎年秋になると南部で起きる暴動には、もうつくづくうんざりしてしまっている」。

そして、大きな転機となる一八七六年の大統領選がやってきた。先述の北部メディアが書き立てた反南部感情を煽る記事に絆《ほだ》されて共和党を支持してきた北部人も、南部再建を政治の最優先事項とはみなさなくなっていた。七三年以降の経済不況、農産物の価格下落や失業、通貨問題など、自分たちの生活に関わる問題に関心は移っていた。

大統領選は、南部の強力な支持を得た民主党ニューヨーク州知事サミュエル・ティルデンと、共和党オハイオ州知事ラザフォード・ヘイズの一騎打ちとなった。選挙戦は、ティルデンが着実に選挙人を獲得し、過半数まであと一票というところまできた。そして、ルイジアナ、サウスカロライナ、フロリダの三州の選挙人が係争問題となった。民主党も共和党も、双方がこれらの州で勝利したと主張した。この憲法の定めがない不測の事態に、議会は一五人からなる選挙委員会を設置した。

委員会は八対七で共和党が多数となり、このヘイズ当選の決定を連邦議会で民主党が承認し

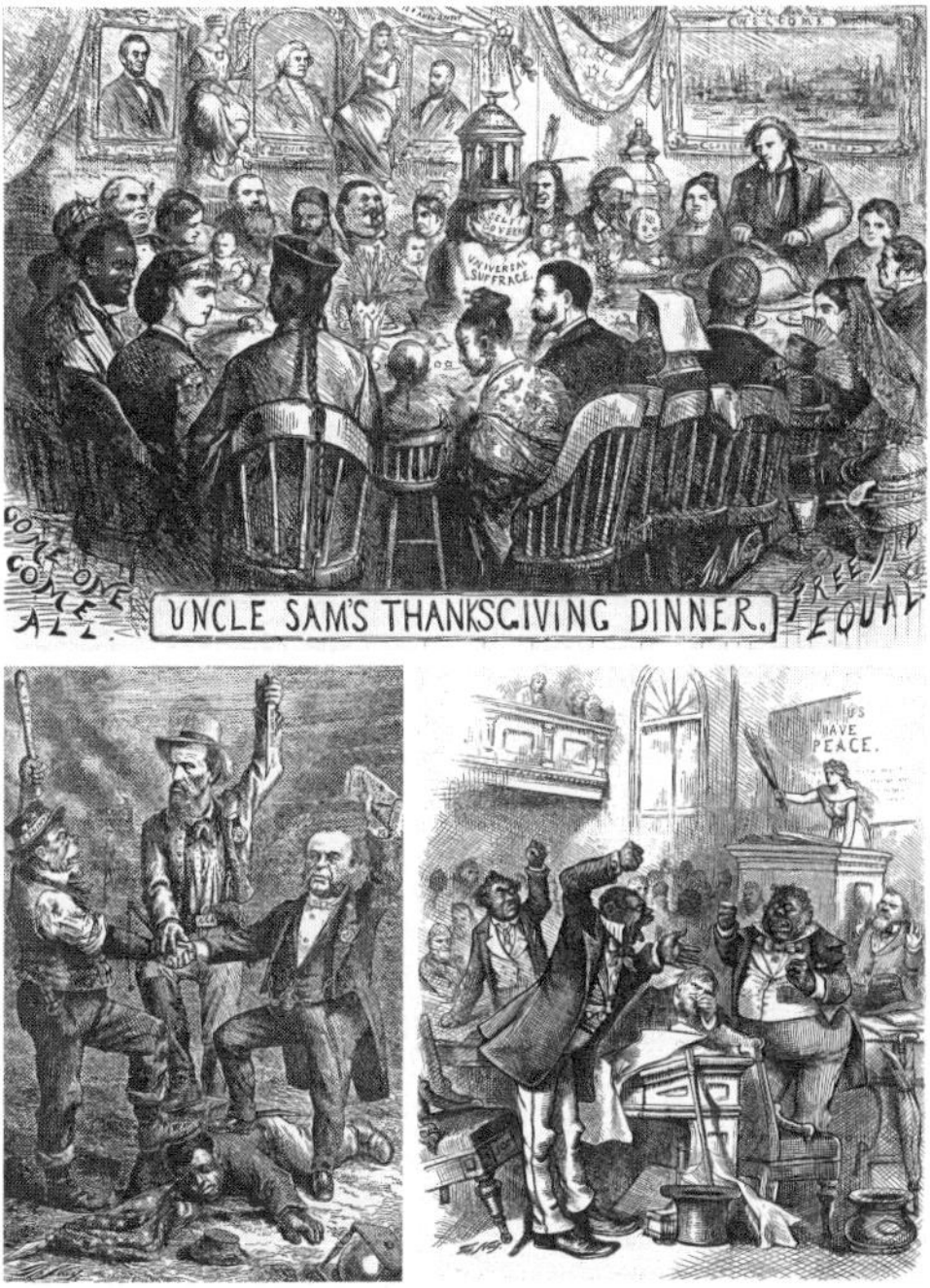

図 **3-11**　再建政治の終焉．上では，アンクル・サム(アメリカの象徴)主催の感謝祭の晩餐に黒人や中国人も出席していたが(『ハーパーズ・ウィークリー』1869 年 11 月 20 日号)，下左では，「これが白人の政府だ」と叫ぶ 3 人の白人が黒人を踏みつけにし(同 9 月 5 日号)，下右では，黒人議員の政界進出による議会政治の混乱にミス・コロンビアが怒りをあらわにしている(同 1874 年 3 月 14 日号)

たため、決着がついた。国民は重大な憲法的危機に陥り、再度内戦になるのではないかと恐れたがその事態は避けられた。だが、七七年四月、この動きに符節をあわせるように、連邦軍が最後まで駐屯していたサウスカロライナとルイジアナから撤退した。これにて、南部再建の時代に終止符が打たれ、南部では人種差別的な文化が復活し、それを連邦政府が黙認することとなった。すぐに黒人取締法を思わせる黒人小作人の労働強化の法律が制定され、悪名高い囚人貸出制度（黒人を軽微な罪で犯罪者に仕立て上げ刑務所に収監し、彼ら囚人を企業に貸し出す制度。革新主義期に廃止されるまで、南部社会で広まった）が拡大していくことになる。

南部駐屯から呼び戻された連邦軍は、一八七七年、ウェストヴァージニアで始まった労働者たちの大鉄道ストライキを鎮圧するためにヘイズ大統領により投入された。南部の再建をめぐる政治の裏側で、アメリカ社会は急激な工業化・都市化を経験し、より切実な新たな問題に直面していたのである。かつては、あれほど黒人擁護の風刺画を描き続けた『ハーパーズ・ウィークリー』ですら、再建末期には黒人の政界進出による連邦議会の混乱、民主主義の堕落を描くようになっていた（図3－11）。

第四章　金ぴか時代
――現代アメリカへの胎動

「かえりみれば」．移民の子孫たちが新移民を拒絶
（『パック』1893 年 1 月 11 日号）

1 金ぴか時代の政治と社会

「金ぴか時代」の連邦政治

前章で扱った「再建の時代」とは、南北戦争の戦後処理に奔走した「政治の時代」の名称であり、南部に駐留していた連邦軍が一八七七年に撤退するまでの時代区分である。他方、南北戦争後の経済発展の時代――とりわけ一八七〇年代から九〇年頃まで――には、「金ぴか時代」というもう一つの呼び名がある。これは、一九世紀の米文学を代表するマーク・トウェインらの小説の題名からきており、急速な産業化・都市化を遂げるアメリカが外見だけは華やかだが、金儲けに人々が奔走し、理想への関心が薄れ、政財界に腐敗が蔓延した時代、内実を伴わなかった時代との批判が込められた名称である。

たしかに、再建期に社会革命を目指した共和党は、七〇年代後半には理想の旗を降ろして、北部の経済利害に重きを置いた政党へと変容していった。金ぴか時代の共和党と民主党は互いに似ており、政治争点もなく、政治的には「不毛の時代」だったと言われる。だが、一八七二年から九二年までの大統領選や中間選挙の投票率は米国史上最も高い八〇%前後をずっと記録しており、政治熱が冷めてはいなかった点には注意が必要だ。再建の時代が終わってなお、南北間の怨嗟は残り、「血染めのシャツを振る」共和党系メディアの影響力もあり、党派的な有権者間の対立は続いていた。この時期、連邦政府の年間支出、約二億五〇〇〇万ドルのうち、四〇%ほどが南北戦争の従軍兵士やその家族への恩給、戦時債務の支払いに充てられており、勝者の政治は継続していた。要するに、南北戦争の戦後はまだ終わってはいなかったのだ。

　軍人恩給は聖域化しており、誰も口出しができなかったが、政治改革論者たちはこの時代の政党政治を草の根レベルで支えていた職業政治家たちの腐敗の温床、猟官制度《スポイルズ・システム》(「スポイルズ」は戦利品のこと)の廃止へと動き出した。党や選挙への貢献によって、政府の役職を政党人に褒賞として与えるこの制度は、戦前のジャクソン大統領の時代に確立された民主化を象徴するものだった。特定のエリート層による官職保持の悪弊をやめ、自党の票集めに功のあった党員たちに政治への参加の機会を与える「人民の政治」の制度でもあった。だが、南北戦争後にはその弊害が大きくなり、公務員制度の改革が急務と言われるようになった。こうした中、一八八一年、就任したばかりのガーフィールド大統領が、失意の猟官者の凶弾に倒れ死亡したことをきっかけに、世論も改革の必要を認めるようになり、一八八三年にペンドルトン公務員法が制定された。この改革により、連邦職員の一部は「公開の競争試験」により選抜されるようになった。

次の一八八四年の大統領選でも政治改革の波は続き、候補指名された共和党のジェイムズ・ブレインを汚職にまみれた職業政治家の典型とみなし、支持を拒否した「マグワンプ」(アルゴンキン・インディアンの言葉で「若い首領」を意味する)による運動が起こった。政治を「高貴な者の義務」とする伝統にたつ貴族主義的なエリートからなるマグワンプは、腐敗した政党政治に反発し、それをアメリカ民主主義の危機とみなした。彼らのブレイン当選阻止の運動により、僅差で民主党候補のグローバー・クリーヴランド(第二二代、任期一八八五—八九年)が勝利し大統領に就任した。

こうして、「不毛の時代」と言われる七〇年代以降にも、連邦政府は、従来通り、西部の公有地処分や鉄道事業への支援など経済利益配分の役割を果たす一方、八〇年代以降になると、外国との貿易競争を念頭に、産業保護のための関税をいかに設定するかで、民主党と共和党が激しい論争を行った。「世界一の工業国」「世界一の農業国」の国益を守るためのあるべき施策、政治腐敗の原因となっていると民主党が主張する高関税による余剰の扱いをめぐって、議論は白熱した。再選を目指すクリーヴランドは、一八八八年大統領選では関税引き下げを綱領に戦ったが、共和党候補ベンジャミン・ハリソンに負けた。結果、ハリソン政権では、マッキンリー保護関税法(一八九〇年)が成立し、平均税率が四九・五%まで引き上げられた。

また、急速な産業化が企業の市場独占という弊害を生み始めると、独占行為の取り締まりのため州際通商法（一八八七年）やシャーマン反トラスト法（一八九〇年）など、経済行為の規制をも目指すようになった。

連邦移民行政の開始――「門衛国家」としての移民国家アメリカの誕生

もう一つ、一九世紀後半の連邦行政として特筆すべきは、従来の州任せの自由放任的な移民政策、国境管理に終止符が打たれ、連邦主導の移民政策および移民入国管理がスタートしたことである。

アメリカの場合、ヨーロッパの国境管理体制と異なり、州が独自の権限で帰化法を制定し、州市民権付与の権限を持っていたため、連邦機関が直接に出入国管理に関わるのは、建国からほぼ一世紀経った一八八二年からとなり、かなり出遅れたのが特徴である。ゴールド・ラッシュを契機に流入を開始し、大陸横断鉄道の建設などに貢献した中国人移民労働者の一〇年間の入国禁止が一八八二年の排華移民法で定められ、在米中国人は連邦裁判所でも州裁判所でも帰化することが禁止され、「帰化不能外国人」という非市民のカテゴリーに押し込められた。また、同年、初めての包括的な一般移民法が制定され、五〇セントの人頭税の徴収と「白痴、精神異常者、犯罪人、及び公共の負担となるおそれのある者」の入国禁止が定められた。その後、一八九一年に財務省内に移民管理局が設置され、同年成立の法律で、「忌まわしい病気や危険な伝染病にかかっている者」が入国禁止者に追加されたことで、入国時の医学検査に合衆国公衆衛生局(当時は海事病院局 Marine Hospital Service. 一九一二年から公衆衛生局)が参加することが決定した。また、翌年よりニューヨーク湾に浮かぶエリス島での連邦移民入国管理体制が整うこととなった。

第二章で詳説したように、アメリカは「移民国家」として誕生したわけではなかった。南北戦争で奴隷解放が達成されるまでは奴隷労働に依存した「奴隷国家」だったのだ。だが、南北戦争前から「移民国家」への胎動は始まっており、それが再建政治終了までに段階的に整えられていった。

具体的には、連邦議会が移民の急増を受けて、州任せだったパスポート発行権の独占を主張し、パスポートの発行を米国民に限定する要求をしたのは一八五六年のことである。その後、共和党のリンカン政権で移民奨励策が取られ、(とりわけヨーロッパ諸国の)海外領事館との連携が図られ、党の綱領では米国が世界中の「抑圧されし者の避難所」と位置づけられ、建国の父祖が語った理念が再び語り直されるに至った。さらに、再建期の国民統合の政治過程で、連邦市民権の概念が確立し、憲法修正第一四条により「出生地主義」の原則が明文化されたことで、法制度が整備されたのだ。

こうした移民の出入国管理や国境管理の制度化は、これまで近代国民国家の成立を論じる歴史学においてそれほど重視されるテーマではなかった。一九九〇年代以降に日本の歴史学界を席巻した国民国家論では、制度に焦点を当てるのではなく、想像の産物としてのネイション、「国民化」の構築性に着目して、ナショナリズムが論じられた。だが、人の移動史の視点から新しい国民国家の形成史を提示するアメリカの社会学者ジョン・トーピーは、国民を「想像する」だけでは国民国家は成立しないと批判する。むしろ、それよりも「移民国家」としてはその出入国記録が行政文書化される、実質的な移民行政と門衛《ゲートキーピング》国家としての機能の確立をもって、国民国家成立の指標とすべきだと主張する。

　トーピーが提示する、国家による「移動手段」の独占、パスポート発行権の占有、国家による出入国管理制度の確立といった指標をアメリカに当てはめた場合、実は南北戦争期から金ぴか時代の連邦行政にすべてが合致する。アメリカ合衆国は、ベネディクト・アンダーソンがいう「想像の共同体」としても、南北戦争で誕生した新たな理念——自由、自由労働イデオロギー、法の下の平等——をもとにして愛国心を涵養するようになるのだが、同時に、連邦主導での入国管理や国境管理の制度を整え、移民国家としても正式にスタートを切ったのである。

　さて、その連邦主導の移民行政はどのような特徴を持っていたのかといえば、それは産業界の利害を優先しつつ、包摂と排除の二つの顔を使い分ける「選び捨て」の論理に基づくものだったといえる。

移民受け入れの最盛期を迎えた二〇世紀転換期、米国には一九カ所の移民の受入口となるゲートがあったが、その中で最多の移民を受け入れたのは、ニューヨークのエリス島連邦移民入国管理施設であった。開設された一八九二年から閉鎖された一九五四年までの期間に一二〇〇万人の移民がここを通って入国し、現在の米国民の約四割がこの入国者の子孫にあたるとされる。移民たちはここで入念な医療検査、法律検査・尋問を受け、移民登録を済ませた者がマンハッタンへの上陸を許可された。

図 **4-1**　エリス島での入国審査(1900 年頃)

エリス島の移民博物館では、「涙の島、希望の島」という入国時に移民たちが経験した悲喜劇を描いたドキュメント・フィルムを上映しているが、渡米してきた移民の中には、入国を果たせず涙をのんだ強制送還者もいたのだ。だが、公衆衛生局と移民管理局の史料によると、一八九二年から一九三〇年までの全連邦施設での移民受入数二五〇〇万人のうち、最終的に入国拒否されたのは七万九〇〇〇人余り、強制送還された者は全移民の四・四%ほどであり、この中で、医学的な理由で強制送還される者の割合が一%を超えることはなかった。むしろ、入国を拒否された者で圧倒的に多かったのは、一八八二年一般移民法にあった「公共の負担となるおそれのある者」、いわゆる生活困窮者であったとされる。

つまり、史料からもわかるのは、ヨーロッパ移民向けの連邦行政は、総じて、アメリカ社会に常に大きな労働需要があったために、産業市民として有用な移民労働者を歓迎し、労働力創出のための巨大な包摂メカニズムとして機能していたということである。

だが、その一方で、アジアからの移民向けには全く別の顔を見せた。連邦政府は、鉄道敷設や地場産業の労働力として、カリフォルニアの産業界の意向に沿って、一八六八年には中国人移民の受け入れ増を狙ったバーリンゲイム条約を締結したものの、白人労働者階級による排斥運動が高まると、一八八〇年にはエンジェル条約を結んで、移民制限にむけて舵を切った。国内においては、図4-2にあるように、人種融和の社会革命を目指した再建政治の失敗は、解放黒人の政治空間からの排除とともに、中国人移民の排斥として論じられるようになっており、こうなると資本主義経済の要請とは逆に、移民を選別し「市民」にふさわしい者を絞り込む方向に進むことになった。

図4-2　「ニガーは出てけ，中国人は出てけ」．再建政治が未完の革命に終わった結果，政治的に暗殺されたのは南部の黒人と西部の中国人だった（『ハーパーズ・ウィークリー』1879年9月13日号）

一八八二年の排華移民法により、在米中国人の出入国管理(登録証の保持)が始まり、入国規制対象外の中国人(非労働者)が渡米する際にも清朝政府が発行した証明書が必要となった。これらが米国におけるパスポート・システムの原型となり、全移民へと広がっていくことになる。「不法移民」という概念も、この中国人移民問題から発生した。

さらに重要だったのは、誰に入国を許可し、誰を入国禁止とするのかという移民行政が、誰に市民権を与えるのかという連邦政治と直結したことだった。排華移民法が、新規中国人移民受け入れを停止するとともに、在米中国人を「帰化不能外国人」とみなし、市民化の道を閉ざしたことで、彼らは、移住者誰もが帰化・国民化の道を歩めるはずの「移民国家」アメリカの例外的存在となった。こうしたアジア系の非市民扱いは、後述する米西戦争でフィリピンを領有したときにも繰り返された。ハワイ併合とは異なり、フィリピンの領土は「非編入領土」と位置づけられ、フィリピン人は「市民権のない合衆国人(the non-citizen of U. S. nationals)」という特殊なカテゴリーに押し込められたのである。

金ぴか時代がアメリカにもたらしたもの

南北戦争で国内を統一したアメリカは、戦後、鉄道建設を牽引役にして、全国的経済発展の基盤を整えていった。リンカンが一八六二年に署名した太平洋鉄道法が、ユニオン・パシフィック鉄道とセントラル・パシフィック鉄道を結ぶ大陸横断鉄道の建設を促し、一八六九年、プロモントリーにて開通式が行われた。大陸横断鉄道の「東半分はアイルランド系移民が、西半分は中国系移民が作った」と言われるように、鉄道建設には大量の移民労働者が雇用された。鉄道の建設は、大量のレール、機関車、車両などさまざまな鉄鋼製品の需要をうみだし、鉄鋼産業のための巨大な市場を提供しただけでなく、枕木や車体のための木材需要が林業の発展を刺激した。

一八六五年から九〇年の間に、合衆国の鉄道は五万六〇〇〇キロから三二万キロに拡張した。鉄道史家によれば、一九一〇年には世界の鉄道軌道の三分の一が合衆国に集中していたということになる。一八九〇年の鉄道収入は一〇億ドル、連邦収入の二倍半であった。鉄道は、農産物や原燃料の物流を大きく変えたばかりか、アメリカ社会の時間や空間感覚まで変えた。大陸横断鉄道の完成が、地方ごとの時間、教会の鐘で刻まれる生活習慣を変え、鉄道時刻が全米で統一の標準時となって、全米は四つの標準時刻帯《タイムゾーン》に分けられた。

また、連邦議会は鉄道事業に対して、史上最大級の政府助成金を支出した。鉄道会社は鉄道敷設権とともに、鉄道沿線に三〇キロから一三〇キロ幅の細長い土地を提供され、これを債務の担保にしたり、売却して現金化したりして資金調達をした。また、鉄道建設の費用は、株式会社方式でも集められ、他産業にも普及したこの方式が大企業の発展を促し、ウォール街をアメリカの金融、証券取引の中心地へと押し上げていった。

鉄道以外の業種でも、「金ぴか時代」のアメリカには、技術革新をおこし新たな産業を発展させる大企業家が現れた。ジョン・D・ロックフェラーは、石油精製業の将来性に目を付け、一八七〇年にスタンダード石油会社を設立。競争相手の株式を買い取り、圧倒的な地位を得て、一八九八年までに国内総生産量の八四％の原油を精製し、パイプラインのほとんどを支配下におき、石油王となった。

スコットランドからの移民、アンドリュー・カーネギーも、無一文から鉄鋼王に登り詰めた大企業家である。鉄道会社を辞め、一八七二年に製鋼業に転身したカーネギーは、スペリオル湖岸で鉄鉱石の鉱脈が発見されたことを活かし、製鋼業を急成長させ、カーネギー製鋼会社は世界一の高収益の会社となった。

2　最後のフロンティア——西部開発と先住民の一九世紀史

大平原の開発——鉱山、牧畜

南北戦争後から一九世紀末にいたる時期は、ミシシッピ川以西の「最後のフロンティア」——グレートプレーンズ（ロッキー山脈東麓までの大平原）から山岳高原地帯まで——が征服され、西部開拓の移住者に開放されることで、農業・牧畜業・鉱山開発・林業が発展した時代であった。前節でみた「世界一の工業国」へと米国が登り詰める道程とともに重要なのが、やはり「世界一の農業国」となるべく推進された、先住民排除を伴う西部開発である。ここではそれがいかに展開したかをみていく。

南北戦争後、ミシシッピ川以西の開発の先陣を切ったのは、鉱山開発であった。戦前のカリフォルニアのゴールド・ラッシュは、一八五五年までに世界中からおよそ三〇万人の一攫千金を夢見る男たちを集めたが、その後も、コロラド（パイクスピーク金鉱）やネバダ（コムストック鉱脈）などで貴金属鉱脈の発見が相次いだ。こうして鉱山フロンティアは太平洋岸から東に向けて、白人の定着地を着実に広げていった。

西部のロッキー山脈付近にできた白人定住地は、共和党の地盤たる西部新州の確立へと結びついた。ネバダは、南北戦争中の一八六四年、人口が二万人しかいなかったが、共和党の強引な政策で州に昇格し、コロラドも再建末期の一八七六年には州となった。再建政治終了後は、民主党に阻まれて、西部地域の連邦加入は滞ったが、一八八八年の選挙で共和党が圧勝すると、翌八九年には、サウスダコタ、ノースダコタ、モンタナ、ワシントンを一括して州に昇格する法案を通過させ、一八九〇年にはアイダホ、ワイオミングが続いた。連邦議会は、ユタの州昇格に関してのみもめた。同州の人口の過半数を占めるモルモン教徒が、一夫多妻制を認めてい

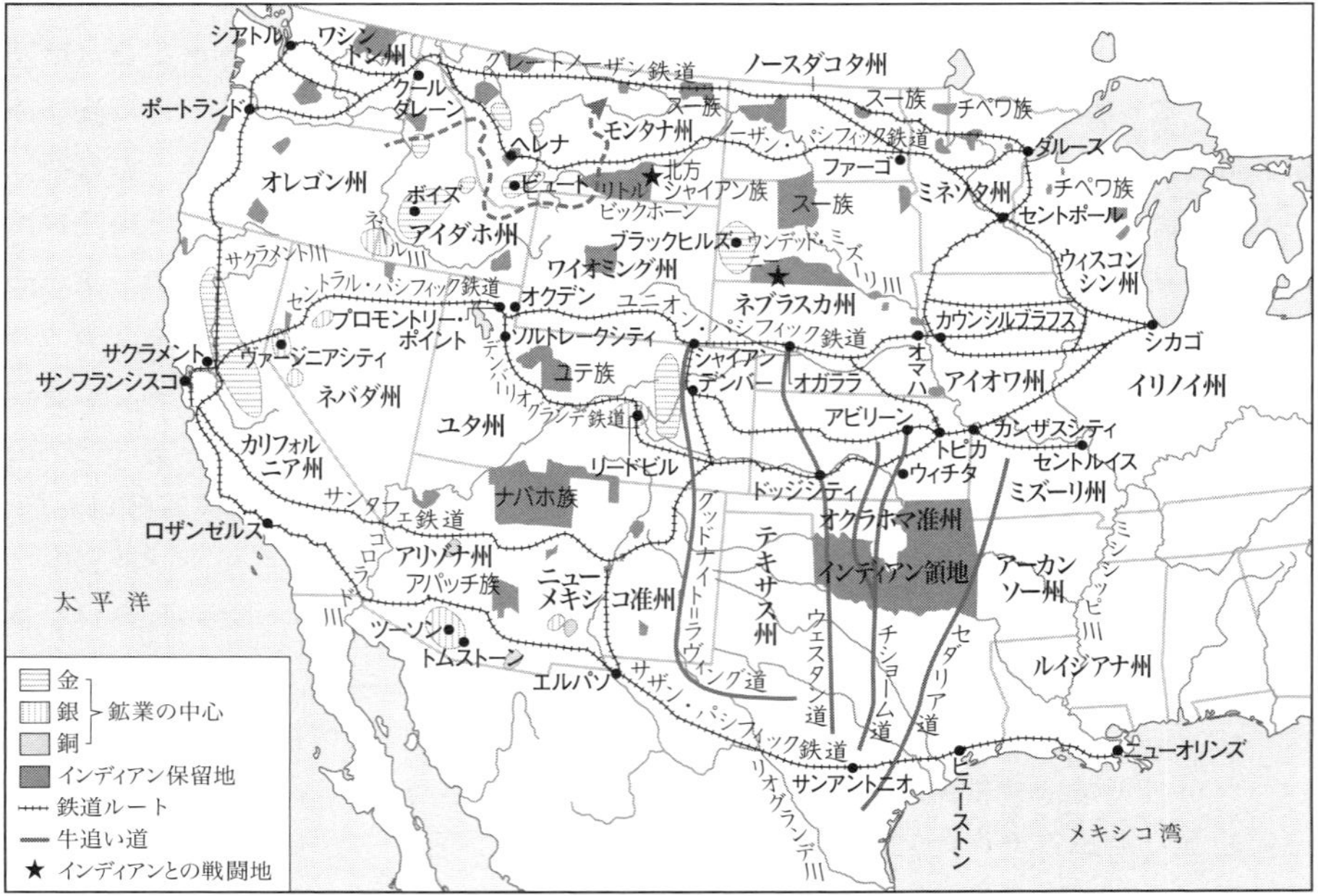

図 4-3　西部の開発(1860–90 年)

たからである。だが、これもモルモン教会が一夫多妻制の放棄に合意したことで、一八九六年に承認された。この西部諸州は、男性が圧倒的で女性が少なかったことから、一八六九年にはワイオミング准州で女性参政権が認められ、九〇年の州昇格時にも女性参政権が認められた。三年後にはコロラド、九六年にはユタやアイダホが続いた。憲法修正第一九条(一九二〇年)により、全米で女性参政権が付与されるのは、まだだいぶ後のことである。

次に、大平原に進出したのは、牛を連れた牧畜業者であった。降水量の少ない「大アメリカ砂漠」とも呼ばれる地域に、農民が本格的に入植するのは遅れ、一八七〇年代中葉以降となったが、その代わり、公有地を利用した「開放牧地」での牛の放牧が盛んになった。図4-3が示すように、南北戦争から約一五年あまり、大平原は、テキサスの数千の牛をカンザス、ネブラスカ方面へと北上させる牛追い《ロングドライブ》の舞台となった。アビリーンなど北の終着地で牛は列車に乗せられ、シカゴやセントルイスで食肉加工され、全国に配送された。「牛の町」には、鉱山町と同様、商店やホテル、酒場が作られ、牧童や無法者《アウトロー》、保安官らでにぎわう開拓時代のロマンチックな西部イメージづくりに一役買った。ちなみに、苛酷な牧童の仕事には、白人のみならず、黒人やメキシコ人も多くついていた。

大平原の風物詩となった牛追いも、南部や中西部に鉄道網が拡充されるにつれ八〇年代には終わりを迎えた。開放牧地での牧畜もまた、一八七三年に発明された有刺鉄線による安価な柵の導入により、開拓農民が土地の占有権を主張するようになることで転換を余儀なくされ、牧場での飼育に移っていった。

フロンティアの消滅と「フロンティア学説」

こうして一八七〇年代半ば以降、農民たちの大平原への移住が本格化する。西部・中西部の人口は、一八六〇年の約九七二万人から、一八九〇年には約二五五四万人へと増加しており、大平原および西部への移住・入植がとてつもない規模であったことがわかる。もちろん、この移住者の多くは、東部諸州の出身者ないしはヨーロッパからの移民たちであった。総農家数も、一八六〇年の二〇〇万から一九一〇年には六〇〇万強へと三倍に増えた。

この農民たちの入植ブームには、いくつもの背景があった。一つには、前節で述べたように、リンカン政権以降、共和党が移民奨励策をとり、鉄道会社など各種事業者とともに、西部への移住を宣伝し、大量移民の時代が始まったことがある。カリフォルニアの鉄道敷設や果樹園、野菜農園の業種では、遠く日本でも募集活動が行われ、一八九〇年から一九〇七年までに約一二万人の日本人移民が流入した。二つ目に、同時期に進行した農業革命がある。夏は炎熱、冬は厳寒、加えてイナゴの大群の襲来など、厳しい自然環境が待ち構える大平原であったが、乾燥農法の導入や風車ポンプの利用、環境にあった品種改良が進み、生産性が飛躍的に高まった。

国内外の食糧需要が増え、農場と市場を結ぶ鉄道網の拡充に刺激されて、農業技術の進歩は速度を上げた。一八六二年制定のホームステッド法で割り当てられた一六〇エーカーの土地は、種まき機やコンバイン、草刈り機など新たな農業機械の開発により、家族経営でも十分、耕作可能なものとなっていった。

こうして、異様なまでの移住熱と投機熱により、国内移住が進み、一八九〇年、国勢調査局はフロンティア・ラインの消滅を宣言した。報告書曰く、「一八八〇年までは、本国には未入植のフロンティア（一平方マイルにつき人口〔先住民は除く〕が二人以上六人以下の地域）があった。しかし、現在ではその未入植地のあちこちに入植者の定住地が点在するようになり、一本のフロンティア・ラインと呼べるものはなくなってしまった。それゆえに、この国勢調査報告書では、もはやフロンティアについて、その範囲や西漸運動について、論じる余地はなくなってしまった」。

この報告を受けて、一八九三年、シカゴで開催されたアメリカ歴史学会年次大会にて、歴史家フレデリック・ジャクソン・ターナー（一八六一―一九三二）が「アメリカ史におけるフロンティアの意義」と題する発表をした。ターナーは、「フロンティアの消滅によりアメリカ史の第一期は終わった」と述べ、フロンティアの存在と開拓民の西漸運動が独自の民主主義、自主独立の精神、機会の平等など、アメリカの国民性の形成に決定的な役割を果たしたと論じた。当時の歴史学界ではアメリカの政治制度の起源をヨーロッパに求める学説が有力な中で、ターナーの学説は、アメリカ固有の発展モデルを提示しようとする試みでもあった。この歴史観は、以後のアメリカ史研究や第二次世界大戦後のアメリカ研究にまで多大な影響を与えることになるのだが、アメリカの発展が奴隷制や非ヨーロッパ系移民の貢献抜きに語れるはずもない。このフロンティア学説は、もっぱらヨーロッパ系移住者中心の歴史観であり、「移民国家」において「国民の物語」を提供するものであったといえよう。

先住民の一九世紀史——対先住民戦争

最後のフロンティアの開発が、アメリカの経済発展に大きく寄与したことは間違いないが、その土地を故郷とする先住民諸部族の生活を完全に破壊し、最終戦争によって先住民の掃討を完遂した行為を見逃すことはできない。コロンブスが「新」大陸を「発見」した一五世紀末以前の、北米大陸の先住民人口については諸説(九〇万—一八〇〇万人)あるものの、近年の研究は五〇〇万—七〇〇〇万人と推定している。それが、南北戦争終結の一八六五年当時には、三〇万人、フロンティアの消滅が宣言される一八九〇年には、二五万人へと減っていた。

ターナーの学説に倣えば、所有者・居住者のいない未開拓の土地である「フリーランド」の存在が、アメリカの発展を説明する鍵となるのだが、果たしてそうだろうか。「フリーランド」

とは、先住民からみれば諸部族の生活空間であり、決して誰もいない土地などではなかった。アメリカ・メキシコ戦争でも、米国領に残ったメキシコ系住人に保障された土地がやはり一九世紀後半に、白人によりほとんど収奪されてしまったが、このような土地収奪の暴力を等閑視することはできない。ターナー史観の西部開拓美化を修正するために、別の視点から西部開発を絶賛した人物、アドルフ・ヒトラーの評価をここでは紹介しておこう。近年の研究では、ヒトラーが、「数百万ものインディアンを銃で撃ち殺して数十万人にまで減らし、現在はわずかな生き残りを囲いに入れて監視している」米国の西部開発の手法をモデルに、「生存圏《レーベンスラウム》」の構想を練ったことが明らかになっている。一九四〇年代の大量虐殺を伴う東方征服の最中、ヒトラーはしばしばアメリカの西部開拓を引き合いにだして正当化していたのだ。のちに人種国家ナチスとも共振しあうことになった、米国の西部開発の過程での先住民への暴力とはいかなるものだったのだろうか。

第一章で論じた、ジャクソン大統領によるインディアン強制移住法後も、連邦政府はいまだ先住民が占有する広大な土地の開放と、そこに眠る天然資源の確保を市民から求められた。それゆえ、政府は一八四九年にインディアン事務局を陸軍省から内務省に移管し、先住民諸部族との条約をなかば強制的に締結し、部族ごとの分断・隔離を進めた。さらに、一八六七年にインディアン平和委員会が設置されると、「平和政策」の名目で、これまでの「単一の大保留地域＝インディアン領地」を保障する政策は放棄され、部族ごとにより狭い（白人が必要としない不要な）「保留地」へと囲い込む政策が推進されることになった。この白人と先住民部族との間で結ばれた条約は、たびたび破られ、保留地へと侵入する白人が後を絶たなかったため、先住民は反発し戦いに打って出た。以後、六〇年代から約三〇年間にわたり、連邦軍とインディアンとの抗争が大平原を舞台に繰り広げられた。

戦闘以前に、まず駆除の対象となったのは大平原に生息していたバッファロー（アメリカバイソン）であった。バッファローは、全米の鉄道敷設労働者の食料となったが、集団で走ると電信柱をなぎ倒し、鉄道を脱線させてしまうことすらある厄介者であった。ゆえに、鉄道会社はハンターを雇い、駆除を始め、一八五〇年代には一三〇〇万頭はいたとされるバッファローは八〇年代にはわずか数百頭へと激減していった。バッファローの駆除は、先住民にとっては大打撃であった。この地域の先住民文化の基盤は、バッファローだったからだ。食用として狩猟されるだけでなく、移動を頻繁に行う狩猟部族の住居であるティピ（テント）は、バッファローの革でできていた。バッファローの減少で、先住民の自給自足の生活様式は変わらざるを得ず、白人商人や政府に依存せざるをえなくなっていった。これが先住民の抵抗の気力を削いでいった。

連邦軍の圧倒的な軍事力の前で、先住民に勝ち目はなかった。南北戦争従軍経験者が戦後の

「先住民討伐」には多く動員された。第七騎兵隊を率いたジョージ・カスター将軍もそのひとりだった。「良いインディアンは、死んだインディアンだけ」という言葉があるが、先住民は死ぬことでしか国家建設には貢献できないとされた。南北戦争で活躍した黒人兵たちも、戦後直後からアパッチ戦争に動員され、「バッファロー・ソルジャー」として活躍したことが知られている(彼らは一八九〇年の先住民の討伐完了後は、米西戦争、米比戦争にも投入されていった)。

一八七六年、モンタナのリトル・ビッグホーン川で、スー族とシャイアン族の連合軍が、カスター率いる騎兵隊を殲滅する、先住民側の勝利もあったが、ほとんどの戦いで先住民側は敗北を喫した。先住民側で、最後まで抵抗のシンボルとなったのは、チリカワ・アパッチ族のジェロニモ(一八二九―一九〇九)であろう。だが、一八八六年、ジェロニモは戦いに疲れ、ついに降伏し、三世紀にわたるアメリカ・インディアンの抗争史は事実上、終息した。一八九〇年には、サウスダコタのウンデッド・ニーで、雪の中、逃げまどうスー族二〇〇人以上が虐殺される悲劇も起きた。フロンティアの消滅が宣言された一八九〇年とは、このウンデッド・ニーの虐殺に象徴されるように、先住民の掃討の完了を意味していたのである。

連邦政府による先住民同化政策

一八七一年、連邦議会はインディアン支出法を可決し、保留地確定についての諸部族との交渉を打ち切ることを宣言し、ますます先住民は追い詰められていった。白人の中からは、残虐な連邦政府のやり口を批判する者も出てきて、ヘレン・ハント・ジャクソンが一般大衆向けに刊行した『恥ずべき一世紀』(一八八一年)は、悲惨な先住民への世論の関心を高めた。

連邦政府は、一八八七年の一般土地割当法(ドーズ法)により先住民に対する政策を大転換した。この法律は、諸部族が共有していた居留地の土地を、個々に細分化し、先住民と非先住民の個人所有者に割り当てるもので、土地の共同所有を基盤とする先住民の伝統的な生活様式を改めさせ、白人移住者と同じように自営農化し、市民となることを促す同化主義的な施策であった。

先住民の家長には一六〇エーカー、一八歳以上の単身者には八〇エーカーなどと土地を割り当て、連邦政府はその土地を二五年間信託下に置き、売却や賃貸を禁止した。だが、連邦政府が「余剰」とみなした土地は、みな白人の手に渡り、白人の土地投機業者や鉄道会社などにより詐欺紛いの取引で奪われていった。さらに、信託期間の二五年終了後には、土地が課税対象となったため、納税できぬ先住民は、二束三文で隣接する白人農家へと土地を売却した。結果、ドーズ法から半世紀たらずで、先住民の保有地は、一億三八〇〇万エーカー(一八八七年)から五二二〇万エーカー(一九三四年)へと急激に減少した。このドーズ法は、日本で明治三二年(一八九九)に制定された北海道旧土人保護法にも影響を与えたとされる。同法は、アイヌ民族の保護を名目に、農業のための土地を払い下げ、日本語教育等を通じて、アイヌ民族を同化させるためのものだった。

内務省インディアン事務局の政策とは、こうして先住民の「野蛮な」生活様式を文明化すべく、白人の価値観を受け入れさせ、部族文化を破壊することに傾注された。この主流社会への同化政策として、もう一つ忘れてならないのは、寄宿学校での同化教育《アメリカニゼーション》の強制である。きっかけは、一八七九年、対先住民戦争に従軍したリチャード・プラットがペンシルヴェニア州に設立したカーライル寄宿学校(Carlisle Indian Industrial School)での軍隊式教育であった。掲げられた教育理念は、「インディアンを殺せ、人間を救え(Kill the Indian: Save the Man)」。先住民の言語や宗教を禁止して、先住民としての生を奪い、キリスト教への改宗や英語教育などを実践した。このカーライル寄宿学校設立以降、一九〇九年までに居留地内外に多数の学校が設立された。これらの学校にて一〇万人以上の先住民の子どもたちが学び、同化教育を受けた。寄宿生の中には、本人や両親の同意なく、インディアン事務局の職員により拉致され、強制的に入寮させられた子どもが多数いたという。ち

図 4-4 ペンシルヴェニア州のカーライル寄宿学校で同化教育を受けるオマハ族の子どもたち(1880年)

なみに、カナダにおいても寄宿学校での先住民同化教育は一八八三年から一九九八年までの間（一三二校、一五万人）実施されており、先住民への人権蹂躙《じゅうりん》はグローバルな白人共同体の共通文化であり、越境的だったことを付言しておきたい。

こうして、一八八〇年前後から、インディアン事務局による同化政策が強化されたが、その政策の多くは成功裏には運ばなかった。先住民を自営農化する計画は、ごく一部でのみ機能しただけで、寄宿学校での子どもが自文化を放棄することも稀だった。傍目には先住民に寄り添った政策に見えるものが、文化帝国主義的な破壊力を持つ事例は他にもある。この時期にアメリカでは、イエローストーン（一八七二年世界初の国立公園、一九七八年世界遺産）を皮切りに、ヨセミテ渓谷（一八九〇年、一九八四年世界遺産）、メサ・ベルデ（一九〇六年、プエブロ・インディアンの住居跡、一九七八年世界遺産）などが、原生自然の保護、景観保護の名目で国立公園となっていった。だが、これらは先住民の聖地を奪う行為に他ならず、国立公園の設置は先住民にとっては入場料を払うことなく故郷には入れない、見えない壁の建設に他ならなかった。

この先住民の文明化、同化政策は、一九三三年、フランクリン・ローズヴェルト政権下でジョン・コリアがインディアン事務局局長に就任し、自治を促す方針へと転換するまで続いた。

3　労働者と農民の運動――「アメリカの夢」の陰影

労働騎士団からアメリカ労働総同盟（AFL）へ

では、次に南北戦争後の労働者と農民の世界を見てみよう。黒人奴隷の解放で、誰もが自由労働者となった金ぴか時代に、労働者や農民はいかに時代に対峙したのだろうか。

南北戦争後の労働者が真っ先に求めたのは、賃労働制からの自分たちの解放、生産者としての自立であり、これらは共和党の打ち出した自由労働イデオロギーに強く影響を受けた労働観であったといえる。例えば、戦後初期の労働組合の主張をみてみればそれは一目瞭然である。一八六六年に結成された最初の全国労働組合（National Labor Union）は規約で、「人種や国籍によって〔労働者を〕分断すべきではない。……分断すべき境界線はただ一つ、……自ら働く階級と他人の労働で生きている階級である」と謳っている（最盛期には六五万人の組合員、一八七〇年代の不況で消滅）。

また、一八六九年にフィラデルフィアで秘密結社として結成された労働騎士団（Knights of Labor）の教義では、労働の価値について「神は人間が働くことを定めたが、それは神の呪いのためでない」、労働は「神聖で高潔なもの」であることが繰り返し語られた。また、労働騎士団は、「職種、職能、人種、民族、性別」の相違を超えたあらゆる労働者階級の「団結(solidarity)」を目指した点でも、再建期に黒人や他のマイノリティをも包摂した連邦政治と共振していたといえる。第二次世界大戦前の米労働組合史において、不熟練黒人労働者と女性労働者を白人熟練労働者と同列にみなす平等主義が採用され実践された労組は、労働騎士団をおいて他にはない。

労働騎士団の秘密結社としての儀礼主義や教義を、時代錯誤的と評する研究も多い。だが、金ぴか時代が結社全盛の時代だったからこそ、労働者の秘密結社が人気となった点を見過ごしてはならない。団長のテレンス・パウダリーを含め、騎士団員はみなフリーメイソンなど複数の友愛秘密結社に所属し、結社の文化に自ら身を置いていた。「秘密」の存在を組織統合の核にする結社は、アメリカ社会が流動化した金ぴか時代にあって、当時最も強い社会的絆として機能していたのである。

だが、パウダリーが騎士団の近代化を図り、一八八一年に秘密儀式を放棄して公開組織へと鞍替えしたことで、騎士団は大きな転機を迎えた。たしかに、八〇年代半ばに会員数では最盛期を迎え、七〇万人を超える会員となり、八時間労働制の要求を掲げて立ちあがるのだが、同時期に起こった二つの出来事が、労働騎士団の衰退、分裂のきっかけとなった。

一つは、西部の鉱山地区へと支部を拡大していた労働騎士団が、中国人労働者を資本側の手先とみなして排斥運動を開始し、全労働者の団結という看板を下ろしたことである。一八八二年に、移民国家として初の特定国籍の労働者を対象とした排華移民法が制定されていたこと、鉱山地区ではたびたび中国人がスト破りに活用されていたことが、会員らの排華感情を高めていた。その結果、一八八五年九月二日に、ワイオミング州のロックスプリングズで、騎士団所属の白人労働者による排華暴動が発生し、中国人が二八名死亡、負傷者一五名、数百名が町を追われ、チャイナタウンは焼き討ちにあった。この排華暴動で、全労働者の団結の理想は崩れた。

二つ目は、一八八六年五月にシカゴのヘイマーケット広場で起こった警察・労働者間での抗争がきっかけで、騎士団が無政府主義と結びつけられて報じられるようになり、騎士団を脱退する者が多数でたことである。八時間労働を求めるストライキの最中、警察が発砲して二名の団員が射殺されたことに抗議して集まった集会で、警官隊に爆弾が投げ込まれ、七名が死亡、六七名が負傷する大惨事が起きた。その後、多数の無政府主義者や組合員が逮捕され、四名が死刑となった事件である。

こうして労働騎士団は衰退していくのだが、ヨーロッパの労働運動史との比較の観点からいえば、労働騎士団が当初目指した運動方針は、英仏と共通項が多いものだった。この時代、ヨーロッパでも作業工程の機械化に伴い、不熟練工の存在を無視できなくなり、賃金労働者という共通のアイデンティティのもとで、労働者の再結集が図られた。英仏ではこの要請を受けて、賃金労働者を広範に結集した労働者階級に立脚した社会主義運動の展開をみた。だが、アメリカでは労働騎士団の衰退を契機に、労働運動は二〇世紀初頭には独自路線を歩み始めたとされる。

その対照的な展開は、欧米の労働市場の特徴の差でもあった。一九世紀末の新移民が大量流入する時代、一八九〇年に米国では総人口の一四・七％が外国生まれであったのに対して、英社会では二・三％、仏社会では一・八％に過ぎなかった。この多様な移民社会の現実が、労働者の団結を破壊し、白人性を核とする階級の人種化を生み出し、排外主義的な性格を帯びるきっかけとなっていったのである。その人種差別的な労組の文化は次に見るＡＦＬへと引き継がれていった。

一八八六年のヘイマーケット事件の混乱後、労働騎士団の衰退とともに出現した主要な労働組合が、アメリカ労働総同盟(American Federation of Labor. 以後ＡＦＬ)である。初代会長となったのは、ロンドン出身のユダヤ系移民、サミュエル・ゴンパーズ(一八五〇―一九二四)。一三歳で渡米し、葉巻工国際組合の指導者となり、一八八六年に全国の職能別組合の連合であるＡＦＬを結成した。ゴンパーズは、賃労働からの解放を目指し全労働者の団結を掲げた労働騎士団のような理想主義的なレトリックを避けて、使用者側にとって(スト破りなどで)代替困難な熟練工のみを組織し、賃上げ、労働時間の短縮、団体交渉権といった「現実的な」目的のために戦う方針を採った。社会主義の理論にも精通していたが、アメリカ社会では不人気であることを知っており、労使交渉とストライキを併用しながら目標達成を図った。この現実主義的な運動方針は熟練工の支持を得て、ＡＦＬは、一九〇一年には一〇〇万人以上の組合員をかかえ、一九一七年には二五〇万人にまで成長した。

他方、取り残された不熟練労働者の立場は弱かった。大量移民の時代にあって、使用者側はいつでも、ストライキに訴える労働者を解雇し、新たな移民労働者を雇うことができた。しかも、使用者はしばしば連邦政府や州政府の力を使って、彼らの運動を鎮圧していったのである。

農民たちの「人民の政治」——人民党結成へ

次に、ホームステッド法で入植した自営農や南部の農民たちの世界に目を転じてみよう。急速な工業化を達成した金ぴか時代にあっても、前述の通り、アメリカは世界一の農業国の地位を保っており、世紀末まで農産物の輸出は輸出総額の七割台を保持した。だが、一八六〇年代後半から九〇年代末まで、農産物の国際価格は慢性的に低迷したため、農民の実質所得が増えることはなく、大半の農民たちは大きな負債を抱えていた。

無償で土地を供与された自営農は、実際には鉄道会社によってよい土地が独占されていたため、肥沃な土地を得るためには高利の借金をしなければならなかった。また、農産物の市場への運搬において、完全に鉄道会社に依存するようになっていた農民は、恣意的な鉄道会社の運賃設定にも悩まされ、銀行や鉄道などの巨大資本との対峙を余儀なくされていく。

戦後に南部の農民が置かれた状況はさらに苛酷だった。戦争で全役畜の三分の一を殺され、農機具の半分は破壊されていたため、復興までに時間を要した。とはいえ、シェア・クロッピング制度は南部に定着し、一八八〇年には南部農場の三分の一以上、一九二〇年には三分の二まで上昇し、戦後初期には黒人で占められていたものの、世紀末までには白人が黒人を上回った。この小作契約の作物質権や前借り制度などにより黒人たちは借金まみれとなり、いつしか債務奴隷化していた。それでも黒人たちは再建政治終了後も、自分たちの武器である投票権を行使して南部共和党を支え、州議会議員となる者もいた。

だが、一八七七年のジョージア州を皮切りに、南部諸州で黒人の投票権を制限する動きが広まる。借金まみれの黒人にとって、たとえ一ドルであっても投票税の制度は投票禁止を意味したし、簡易な識字テストも導入され、黒人たちは徐々に政治的声を奪われていった。

こうして苦境に立たされた農民たちは、団結を模索し、活発な政治運動を展開していく。第一弾は、農民の親睦団体として一八六七年に設立された農業共済組合とその地方支部「グレンジ」だった。彼らは、七〇年代、農民の経済的利益を守ろうとして、中西部を中心に、農作物の共同出荷、農機具の共同購入などの相互扶助の活動を展開し八六万人の会員を集めた。このグレンジャー運動は、鉄道運賃などを規制する州法を成立させるなど一定の成果をあげたが、投資の失敗などで、七〇年代後半には衰退してしまった。

次に農民側の政治運動として展開されたのが、グリーンバック党（一八七四―八九年）である。具体的には、南北戦争中に法定通貨として連邦政府が発行したグリーンバック紙幣の増発により、インフレをおこし自らの債務負担を軽減し、農産物価格の上昇を期待する運動である。この運動方針は、後述する人民党の綱領にも受け継がれていく。

さらに、八〇年代後半には、「全国農民同盟（北西部農民同盟）」と「全国農民同盟産業連合（南部農民同盟）」が台頭する。テキサスの農業協同組合運動から出発した南部農民同盟は、農業不況の八〇年代以降に拡大し、九〇年には会員数三〇〇万、別組織の黒人同盟には一二五万の会員がいた。彼らもまた、共同出荷などの互助的事業に積極的に取り組み、連邦政府による収穫物を担保にした農民への直接融資を得ようとし、自ら政治の世界へと進出した。

こうした農民たちの各地での政治運動の結果として、一八九二年二月、各地の農民同盟、黒人農民同盟、労働騎士団などが結集して設立されたのが、人民党（The Populist Party）である。同年七月に採択されたオマハ綱領の前文には、「いまや私たちの国は、道徳的、政治的、物質的破滅に瀕している。腐敗が投票所、州議会、連邦議会を覆い、裁判所にまで及んでいる。……

その結果、数百万人の人民の労働の果実が、少数者が人類史上に例をみないほどの莫大な富を築くために、大胆不敵にも盗み取られている。……いまや政府の不正義という同じ子宮から、二つの階級――乞食と百万長者――が産み落とされている。……建国記念日に集いし私たちは、共和国政府を「庶民(the plain people)」の手によって回復することを求める」とある。つまり、人民党とは、「人民の政治」の復興を求める運動であった。

具体的な政策として、連邦政府のみが通貨発行する健全な通貨制度、「連邦農業公庫」構想(農民のための政府融資機関の設置)、銀貨の無制限鋳造(フリー・シルバー)、鉄道・電信・電話の公営化、累進所得税の導入、などが掲げられた。一八九二年の大統領選では、人民党候補ジェイムズ・ウィーヴァーがそれまでの第三政党としては最多得票となる一〇〇万票を獲得し、全米、とりわけ南部社会に大きな衝撃を与えることとなった(だが、最終的には、九六年選挙で人民党は民主党候補のウィリアム・ジェニングス・ブライアンを推して敗れ、内部から瓦解していった)。

ホームステッド争議とプルマン・ストライキ

人民党が農村部で大きな勢力となっていた頃、工業地帯では労使の対立が激化していた。九〇年代最大の労働争議は、九二年の夏から秋にかけて、ピッツバーグ近郊のホームステッドにあるカーネギー製鋼の工場で発生した。AFL傘下の有力組合であった鉄鋼錫合同組合に、会社側が賃下げを迫ったのに対し、労働者は提案を拒絶し、工場を占拠して立てこもった。会社側は、ピンカートン探偵社の私兵三〇〇名を送り込むが、労働者側は油攻めで反撃し、撃退した。すると今度は、会社側がペンシルヴェニア州知事に要請して、八〇〇〇名の州兵を派遣させ、実力で排除した。争議に加わった労働者の大半は解雇され、首謀者は騒乱罪および殺人罪に問われた。争議後、ロシア生まれの無政府主義者が総支配人を襲い、暗殺未遂となったことも手伝い、時代を象徴する事件となった。

さらに、九三年に未曽有の経済恐慌がおき、多くの企業や銀行が倒産し、街には数百万の失業者が溢れた。労働者は、連邦政府に対して、失業対策のための公共事業をおこし、給料を政府発行の紙幣で支払うよう求める運動をおこしたが、連邦議会は動かなかった。怒った失業者たちは、オハイオ州の人民党指導者、ジェイコブ・コクシー(一八五四―一九五一)を指導者に、全国の失業者を組織して、首都ワシントンに徒歩で行進するデモを計画、実行した(「コクシーの軍隊」)。だが、示威行動をしただけにもかかわらず、コクシーの軍隊は警察官に蹴散らされ、コクシーは逮捕されてしまった。

図 **4–5**　ピッツバーグ近郊のカーネギー製鋼の工場で発生した労働争議(『ハーパーズ・ウィークリー』1892 年 7 月 16 日号)

労働者の大争議は続いた。一八九四年に発生したプルマン・ストライキである。ジョージ・プルマンが一八六七年に設立したプルマン・パレス・カー社は、それまでにない絢爛豪華な鉄道車両を製造開発し、寝台車の運行業務を行うサービスで急成長を遂げた企業である。プルマン社の社員は、会社のモデルタウンに居住することになっていた。会社はそこを理想社会のように宣伝していたが、社員からみれば、貧しい移民たちの住むテネメント(長屋形式の貧困層向け共同住宅)と大差ない代物だった。賃下げを言い渡され、家賃は据え置きと聞かされた労働者は、アメリカ鉄道労働組合の若き指導者、ユージン・デブスの指導のもと、ストに突入した。会社側は、司法長官に支援を要請し、鉄道業務が担っている公共の仕事、郵便輸送を遅延させないように裁判所にストの差し止め命令を出させ、クリーヴランド大統領は、シカゴに連邦軍を送った。一カ月ほどでストは決着、会社はスト参加者を全員解雇した。デブスは差し止め命令を無視した廉で、六カ月投獄された。

かくして、大企業に立ち向かった労働争議は、政府や軍隊が大企業側に味方することで、ことごとく敗れ去っていった。南北戦争後の半世紀、アメリカの労働者は、ほんの一握りしか、組合には加入していなかった点も忘れてはなるまい。女性、黒人、中国系などのマイノリティを、組織労働者の組合はたいてい排除した。

女性の就業人口は、一八八〇年の二六〇万人から一九〇〇年には八六〇万人へと急増し、かつての家事手伝い、調理、洗濯業などの職種に対して、タイピストや販売員、帳簿係などの事務員として従事する割合が急増した。こうした事務職への女性たちの進出を、AFLなどの労組は父や夫らと競合することになる可能性があると危惧し、男性より賃金の低い女性との共闘は論外との姿勢をとった。ゆえに、女性たちは、門戸を開放していたグレンジャー運動や農民同盟には参加したものの、一九〇三年、女性労働組合連盟を結成し、女性参政権運動にも参加していったのである。

階級と人種の政治の結末――差別制度の確立

最後に、金ぴか時代の社会思潮と、この時代の階級と人種をめぐる政治の結末をまとめておこう。

金ぴか時代は、たしかに誰もが成功を夢見ることのできる時代だった。六〇年代後半から七〇年代にかけて、ホレイショ・アルジャー(一八三二―九九)は、貧しくても真面目に働き、努力すれば、誰でも立身出世できるという物語(代表作は『ぼろ着のディック』)を描き続け、青少年に広く読まれた。渡し船の船頭から鉄道経営者に登り詰めたコーネリアス・ヴァンダービルト(一七九四―一八七七)、移民として渡米し綿工場の「糸巻きボーイ」から鉄鋼王となったアンドリュー・カーネギー(一八三五―一九一九)、株仲買店の手代から出発して石油王となったジョン・D・ロックフェラー(一八三九―一九三七)、ゴールド・ラッシュ時には金鉱掘り向けの食料品卸であった鉄道王、リーランド・スタンフォード(一八二四―九三)など、成功物語を地で行く実業家が、続出したのがこの時代なのである。

だが、「おんぼろから大富豪へ」の夢を実現できたのはごく僅かの人間であり、時代から取り残された労働者、農民たちは、先述のように、リンカンが語った「人民の人民による人民のため」の政治、高度化する産業社会のなかで民主主義を再生することを夢見て、異議申し立ての直接行動を起こしたのである。実際、一八九〇年代には、一割にあたる富裕層が国内総資産の七割を所有していたと言われており、今日いわれる格差社会アメリカの富の集中は、一九世紀末以来、顕在化していたのである。

競争が激化し、社会の階級的分断が鮮明になってくると、この社会的風潮を自由な競争というプロセスの側面から正当化する社会進化論が登場した。ダーウィンが『種の起源』(一八五九年)で唱えた、動植物の進化を説明する自然淘汰の考えを、人間社会の競争を通じた進化に応用したものだった。イギリスの哲学者ハーバート・スペンサーが唱えたこの理論は、当時の帝国主義的な弱肉強食の国際関係とともに、アメリカ国内における富の集中、階級分断をも説明していたのである。

革新主義期に時代のイデオロギーとなる優生思想も、この流れの延長線上にある。人間をを「適者」「不適者」に分け、選別するこの科学は、金ぴか時代には南部の「白人の屑《ホワイト・トラッシュ》」対象の家系研究を本格化させ、二〇世紀には移民制限法の策定にも深く関与していった。米国最初の優生学団体、アメリカ育種家協会(American Breeders Association)は、本来、農産物や牛馬の品種改良を目的とする団体だったが、一九〇六年に人間の育種や人種改良を研究する優生学部門を立ちあげ、一九一四年以降、アメリカ遺伝学協会として優生学運動を牽引していくこととなる。

こうした一九世紀末の社会思潮は、黒人の社会的地位にも深刻な影響を与えた。南北戦争後の南部では、人種隔離の慣習は法制化されていったが、一八八三年に連邦最高裁が、路面電車やホテル、劇場などの公共施設での隔離を禁止した一八七五年市民権法を却下したことが、さらなる追い風となった。裁判所は、「憲法修正第一四条は、州政府による差別を禁止」したのであって、私的個人の差別行為を規制することはないとの判断を下したのである。この流れの中で、一八九六年、プレッシー対ファーガソン裁判の判決によって、連邦最高裁は「分離すれども平等」の原則を確立したのである(黒人であるホーマー・プレッシーが鉄道の白人車両に乗車したことで逮捕。修正第一四条の「法の下の平等」を争点とした裁判)。

黒人差別制度(ジム・クロウ)の確立という点については、裁判所の判決とは別に、一八九〇年代に展開された人民党の政治運動がもたらした白人社会の階級分断の危機という側面からみることが肝要となる。きっかけは、人民党の白人活動家らが、小作人として経済的利害を同じくする黒人たちに共闘を呼びかけたことだった。黒人の多くは、白人農民への警戒心を解くことはなく、呼びかけに応じることはなかった。だが、白人と黒人の人種をこえた階級連帯を模索する人民党の戦略は、南部白人のプランター層に衝撃を与えたのだ。バーボン派と呼ばれた南部の民主党指導者は、中小白人農民の政治的要求に譲歩して白人支配の原則を掲げることで、人種をこえた階級連帯の可能性を封じ、黒人向けには徹底した投票権剝奪により黒人を政治の世界から完全に排除する道を選び、人種差別制度の確立を目指したのである。

この白人の一体性を演出する社会的儀礼として頻発したのが、白人女性をレイプした強姦魔として黒人男性をリンチすることだった。人民党の政治運動が勢いを持った一八九一年以降、九四年までは、毎年一〇〇人を超える黒人がリンチで殺害された。リンチという公開処刑の儀式は見世物であり、数千の見物客が見守る中、黒人男性の男性器が切除され、木につるされ生きたまま火刑とされる。黒焦げの遺体を切り刻んで、群集がお土産として持ち帰ることも多かった。

リンチの根拠とされた白人女性と黒人男性の性的関係の多くは、捏造されたものだっただろう。だが、この社会的儀礼の効果は絶大だった。黒人レイピストから白人女性の純潔を守る行為は、支配人種としての白人の権威を維持し、また白人女性を男性の専有物として従属させる南部家父長制の論理を補強したのである。人種の秩序は、つねにセクシュアルな観念と練り合わされて、補強されるのがアメリカ社会なのである。

こうして南部にはカラーラインの政治文化が蔓延し、黒人は「どん底」の時代へと突入した。アラバマ州の黒人職業教育学校、タスキーギ・インスティテュートの校長であったブッカー・T・ワシントン(一八五六―一九一五)は、黒人のための経済的な機会を確保しようとし、地道な職業訓練と自助努力を説いた。他方、ドイツに留学し、ハーヴァード大で博士号を得たW・E・B・デュボイス(一八六八―一九六三)は、ワシントンの南部白人への妥協的な態度を批判し、黒人のアメリカ人としての完全な権利回復を訴えた。またデュボイスは、世紀転換期の帝国主義を批判して、「二〇世紀の問題とはカラーライン(人種による分断線)の問題である」とも喝破し、アジアやアフリカの有色人種と白人の関係にまで射程を延ばして時代を展望していた。

4　アメリカの帝国主義のかたち

アメリカの帝国主義

ターナーのフロンティア学説によれば、一九世紀のアメリカは大陸内での膨張と西部開拓に専念してきたとされるのだが果たしてそうだろうか。国土を倍増させるルイジアナ購入から始まった一九世紀史は、フロリダ、オレゴン、テキサスの併合、アメリカ・メキシコ戦争による

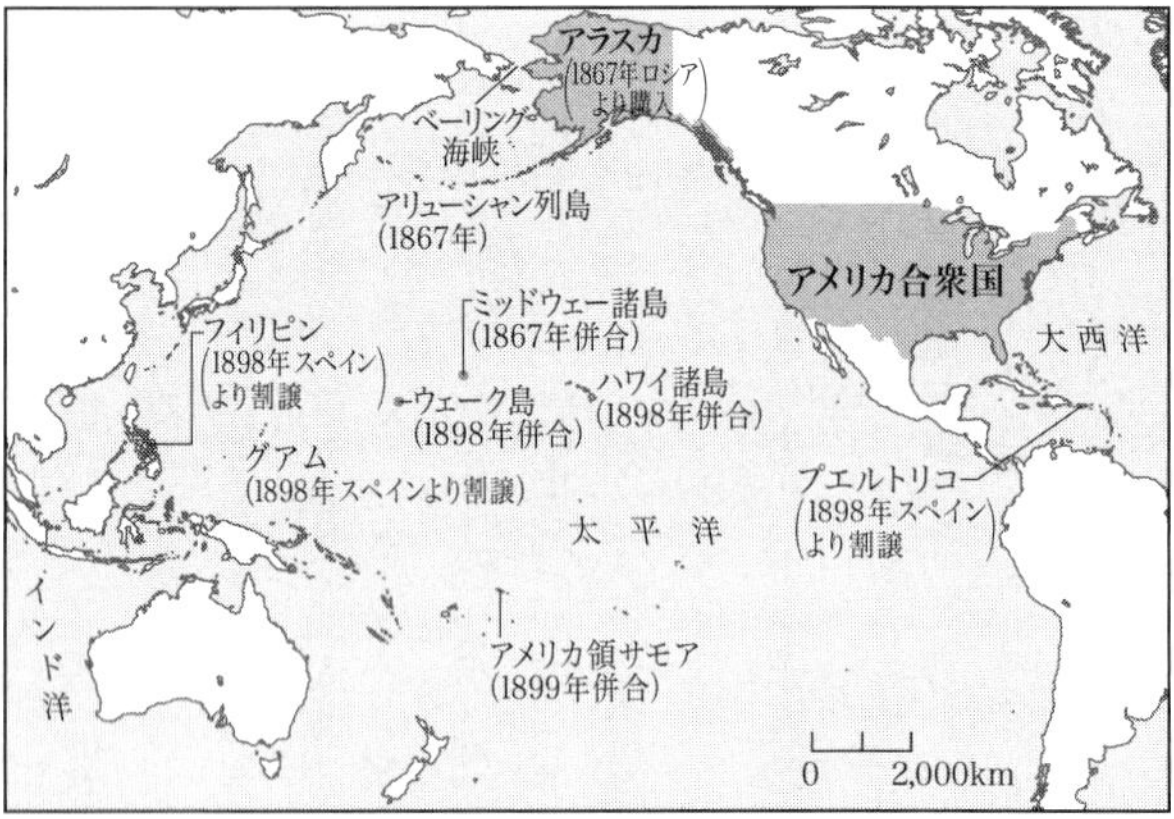

図 **4-6** アメリカ帝国(1898年)

西部地域の割譲、さらにはガズデン購入、南北戦争後のスワードによるアラスカ購入まで、領土拡大の欲望を思うがままに発揮してきた「帝国」形成の歴史でもある。

南北戦争で、たしかに合衆国の膨張は一時的に中断された。だが、戦争が終結すると、スワードはキューバを、グラントはサントドミンゴの獲得を切望し、大陸横断鉄道建設の先に、アジア太平洋への進出を企図する者もいた。

世紀末の帝国主義の時代には、「アングロサクソン」の使命や、半世紀前の「明白な運命」のスローガンが復活し、ターナーも実際には、国内フロンティアが消滅しても、アメリカ人の「拡張主義的」な国民性は不変だと書いており、海外のフロンティアへの進出を予言していた。

アメリカが海外領土への関心を強める中、南北戦争では海上封鎖作戦に加わった提督、海軍戦略家であるアルフレッド・T・マハンの海軍増強論が注目を集めた(『歴史に及ぼした海軍力の影響』一八九〇年)。大洋は障壁ではなく、大交通路であると説くマハンは、外国貿易こそが米国繁栄の要であり、それゆえに商船を守れる海軍力と戦略的海軍基地の必要性を論じた。太平洋上の中継基地、ハワイ諸島に照準を定めた米国は、一八七五年の条約でハワイ産の砂糖を無税で米市場に持ち込めるようにし、一八八七年には真珠湾への海軍基地建設権を獲得した。

世紀末には、南北戦争の傷跡も癒え始め、共和党も奴隷解放の党としての看板を下ろし、実業界向けに保護関税を唱えた。南北戦争以降、連邦軍から締め出されていた南部出身者は、米西戦争、米比戦争以降、これらの戦争を通過儀礼にして、帝国建設という男性的なプロジェクトに魅了されていったとされる。

こうしてセオドア・ローズヴェルト(一八九八年時点で四〇歳)、ヘンリー・カボット・ロッジ(四八歳)のような新世代の政治家が、当時の社会進化論や白人の責務論(ラドヤード・キプリングの詩に端を発する)、アングロサクソン共同体論に影響されながら、膨張主義的な対外政策の牽引役を果たしていくことになるのである。

米西戦争と帝国主義論争

一八九五年にホセ・マルティらによって開始されたキューバのスペインからの独立運動が、アメリカの海外膨張の最初の契機となった。キューバではすでに、米国の再建期の頃、本国との「一〇年戦争」（一八六八―七八年）と呼ばれる独立戦争が戦われていたが、奴隷制は廃止されたものの、独立は認められなかった。亡命を余儀なくされたマルティは主にニューヨークを拠点に資金や武器を調達し仲間を募った。米政府も、キューバ産の砂糖に課税することで、キューバ経済に打撃を与え、側面支援していた。

図 **4–7**　(上)ハバナ港での米戦艦メイン号沈没を報じるピューリッツァー発行の新聞『ニューヨーク・ワールド』(1898 年 2 月 17 日号).（下)沈没したままのメイン号(1902 年)

九五年の蜂起後、スペインは苛烈な弾圧を行い、キューバ人の四分の一が落命した。スペイン軍が農村を略奪したことで、米国向けのタバコや砂糖の出荷は一八九四年（七六〇〇万ドル）から九八年（一五〇〇万ドル）で激減した。アメリカ人は自らの「独立戦争」を想起して同情の声をあげ、これを当時のアメリカの扇情的なイエロー・ジャーナリズムが書き立てた（図4–7参照）。

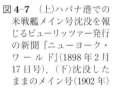

一八九八年二月、ハバナ港に停泊中の米戦艦メイン号が爆発、沈没し、将兵二六〇名が死亡した事件をきっかけに、前年、大統領に就任していた共和党のマッキンリーは、三月末、最後通牒をスペインに突きつけた。「メイン号を忘れるな」のスローガンが叫ばれる中、マッキンリーはキューバに平和を回復するための干渉権限を議会に求め、議会はキューバ独立のための武力行使を決定した。

ところが、戦争の第一報は地球の裏側のスペイン領フィリピンから届いた。この遥かかなたのアジアから届いたニュースに米国民は驚いた。米国は太平洋に着実に勢力を拡大しており、四億人の中国市場への進出を夢想していた実業界にとって、アジアへの足場が得られる機会がおとずれたのだ。一八九八年五月一日、デューイ提督率いる海軍がマニラ湾に侵入し、スペイン艦隊を撃破した。スペイン軍は、キューバとフィリピンの双方で反乱軍や米軍と対峙せざるをえず、総崩れとなった。スペインのカリブ艦隊は、サンチアゴ港で包囲され、七月三日に米軍に撃破された。米軍は数日後、プエルトリコ島をも占領した。八月には、米軍とエミリオ・アギナルド率いるフィリピンの反乱軍により、マニラが陥落した。のちに、国務長官ジョン・ヘイがこの一連の戦闘を「すばらしい小さな戦争」と呼んだように、米軍はわずかな犠牲で完勝した。

米西戦争は、一八九八年八月一二日に休戦協定が結ばれ、スペインはキューバの放棄とプエルトリコおよびグアム島の米国への割譲を約束した。同年一二月のパリ講和条約で、米国のフィリピン領有が正式にきまった。この間、五年前には撤回されたハワイの併合が、議会で承認され(七月)、米国は一気にカリブ海から太平洋にまで領土を広げ、アメリカ帝国建設へと向かった。

パリ講和の最中、アメリカ国内ではフィリピン領有への反対運動が盛り上がり、反対派は九八年一〇月に反帝国主義連盟を結成した。連盟に名を連ねたのは、マーク・トウェイン、アンドリュー・カーネギー、共和党上院議員ジョージ・ホア、民主党大統領候補ウィリアム・ジェニングス・ブライアン、哲学者ウィリアム・ジェイムズなど。反対論の核心は、キューバ解放のための戦争がアメリカ帝国の建設を導いてしまったことで、独立宣言により誕生した共和国アメリカが異民族を支配する帝国となることは、アメリカ民主主義の堕落だと主張した。なかには、AFLのゴンパーズのように、フィリピン併合が「混血児の半野蛮人」である異民族の労働者の流入を招き、アメリカの労働者の脅威となることを恐れ、反対運動に加わる者もいた。しかし、反対派の議論は、「白人の責務」として、米国が未開の(自治能力を欠く)フィリピンを民主化するという主張や、通商拡大による経済効果などの議論に押し切られてしまった。

フィリピンでは、米国による領有の決定と同時に、エミリオ・アギナルド率いるフィリピン独立軍との激しい戦闘が開始された(米比戦争)。独立運動は、アギナルドが一九〇一年に捕まり、鎮圧されるが、それまでにアメリカ国内の対先住民戦争を彷彿させる残虐な仕打ちで、二〇万人以上のフィリピン人が死亡した。

門戸開放宣言とアジア進出

こうして米国は、キューバとプエルトリコを得てカリブ海支配を確立し、またフィリピン、グアム、ハワイに、一八九九年に得たサモアの東半分を加え、太平洋進出の足場を築き、アメリカ帝国の基礎を固めた。だが、世紀末の帝国主義論争を経ることで、アメリカ帝国はこれ以降、公式の植民地を獲得することはせず、植民地主義以外の非公式の帝国形成へと向かった。その典型例が、門戸開放宣言であった。

世紀末の対中貿易は米国の全対外貿易の二%にも満たなかったが、米西戦争後の太平洋への架橋によって、これまで中国市場の夢に魅せられていた貿易商らは、米国アジア協会など次々に経済圧力団体を作り、政府に積極的な極東政策を求めるようになった。しかし、日清戦争(一八九四—九五年)後、日本とヨーロッパ列強が清から租借地を獲得し、中国分割を進めており、後発の米国が力ずくで中国市場に割り込むのは分が悪かった。

そこで、ジョン・ヘイ国務長官は、一八九九年と一九〇〇年の二回にわたって、列強に対して門戸開放通牒を発した。ヘイは、列強の勢力範囲内でも商業上の平等の権利を認めること、および、中国の領土的・行政的保全の尊重を求めた。列強の回答は条件つきの曖昧なものだったが、ヘイは同意を得たと主張し、以後一九四〇年代に至るまで、この方針に固執した。フィリピン領有に反対した世論も、植民地主義に反対し、経済進出を狙う門戸開放路線を支持した。

この対中通商問題を国益上重視する政府の方針は、それまで労働組合からの国内圧力を認め排華を支持してきた政府の政策に転換をもたらし、一九〇五年の反米ボイコット運動の成果も手伝って、国内排華問題の鎮静化へと結果した。

おわりに——南北戦争の「終わらない戦後」

「戦後」の終わり

本書は、シリーズ第二巻として、一八一二年戦争から米西戦争までの一九世紀史を論じてきた。第四章「金ぴか時代」は、第三巻で論じられる現代アメリカの誕生、とりわけ革新主義の諸改革とつながっており、その歴史的文脈は第三巻『20世紀アメリカの夢』で詳らかにされるだろう。

ここでは最後に、本巻がなぜ「南北戦争の時代」と題して、一九世紀の合衆国史を論じたのかについて、「南北戦争の「終わらない戦後」」と題して、激動するアメリカの今とのつながりを明らかにし、話を結ぶことにしたい。二〇一六年大統領選中、トランプ候補の政治集会で支持者の中に南軍旗を掲げる者が目立ったのは何を意味するのだろうか。

戦争とは、つねに「戦後」という特殊な政治・社会・言論空間を作り出し、旧秩序の解体と新たな秩序の形成をうながすものである。一定の月日を経て、社会はやがて「戦後」の終わりを語り始めるのだが、それは社会が戦争と切り離された時間を刻み始める証なのだろう。ただ、甚大な戦死者、被害を出した戦争であればあるほど、勝者と敗者の戦争観、政府の公式見解と個人や地域の戦争記憶の間には深い溝ができるのが常であり、それが和解への道を困難にすることもしばしばである。

米国の南北戦争の「戦後」論を始めるまえに、日本の「戦後」――第二次世界大戦の敗戦後――の終わりに関する議論を少しみておこう。米国の南北戦争は内戦で、勝者の北部と敗者の南部が経験した「戦後」であるのに対して、日本の「戦後」は対外戦争(しかも世界大戦)の敗者による「戦後」経験であり、大きく性格の異なるものである。だが、両国は戦争そのものの意義づけと戦後改革(前者は再建政治、後者はGHQ占領下の改革)の歴史的意義づけをめぐり争い、いまだに「終わらない戦後」を生きているという点では共通点が多くあるというのが私の見立てである。

周知の通り、日本では「戦後」の終わりが幾度も語られてきた。高度経済成長期に入り『経済白書』(一九五六年)が「もはや戦後ではない」と語るも、その後も、中曽根首相が「戦後政治の総決算」(一九八二年)、安倍首相(第一次)が「戦後レジームからの脱却」(二〇〇六年)を公約に掲げ、「戦後」は七〇年以上経った今も、継続しているようだ。

アメリカの日本史家キャロル・グラックは、日本の「長い戦後」の特殊性について、「ほとんどの国で、自国史を語る際に(第二次世界大戦の)「戦後」という形容が冠せられるのは一九五〇年代後半までのことで、それ以後は「現代」という扱いになる。日本の「長い戦後」は、日本独自であるとともに時代錯誤でもある」と語る。その上で、日本の公的記憶が「戦後」という時代の名称にしがみついてきたのは、それが「新しい日本の建国神話、一九四五年の再出発」だったからであるとして、「現在の日本は、民主主義も、平和も、繁栄も、すべて「戦後」に起源を持ち、〔「戦後」に〕真正さを負っている。「戦後」にしがみつくことは、すなわち現状への満足の表現であった」と説明する。

グラックの戦後民主主義の説明は単純明快でわかりやすい。だが、問題点も指摘できるだろう。そもそもアジア・太平洋戦争の歴史経験の公的記憶は国民全員で共有されているわけではない。沖縄戦を経験した家族、広島や長崎の被爆者の家族、戦没者・戦傷病者の家族など、個人や地域に刻まれた無数の個の記憶を無視して、議論できるはずもない。アジア諸国の戦争犠牲者の中から、日本政府に対して戦後補償を求める声があがり続けているように、戦後処理が不十分な形でしかなされてこなかったことも「戦後」が死語とならなかった理由だろう。戦争の記憶の支配的なあり方をめぐる象徴闘争のなかで、「戦後」は終わるべきものにも、終わってはならないものにもなるのだ。

南北戦争の記憶をめぐる争い――再建政治の終焉

さて、南北戦争の「戦後」論に話を戻そう。これまで描いてきたように、南北戦争は、「連邦維持のための戦争」から、「奴隷解放のための戦争」へと性格を変え、戦時下に強化された連邦権限を拠り所に、奴隷制の廃止を憲法に明文化するに至った。解放された四〇〇万人の黒人奴隷にとって、南北戦争は「奴隷解放を達成した戦争」に他ならず、「再建の時代」は合衆国が再出発した起点と位置づけられた。基本的人権、投票権など黒人たちが獲得した政治的資源はすべてこの時代に起源を持っている。

「再建の時代」の戦後改革を担った共和党急進派の議員にとっても、内戦の最大の歴史的意義は奴隷解放の達成であり、「未完の革命」に終わったとはいえ、解放民の国民化を図り人種平等の理念の実現を図った再建諸法の制定に戦後改革の意義は求められた。

さて、こうした南北戦争の戦後改革は、連邦軍の南部からの完全撤退により、一八七七年には終了したのであるから、南北戦争の「戦後」はここで区切りが付けられ、終わったとみるのが妥当なのだろう。「戦後」の日本社会が再度の戦争を直接に体験しなかったのとは違って、ポスト再建期のアメリカ社会は、米西戦争以降、数多くの対外戦争を経験し、そのたびごとにその戦争の「戦後」が始まった。結果として、その複数の「戦後」経験により南北戦争の「戦後」は相対化され、その意味を失っていくはずであった。

しかし、南北戦争の「戦後」は、他の戦争の「戦後」では決して上書きされることはなく、一八七七年以降も、南北双方のアメリカ社会は南北戦争の「戦後」を生き続けた。この戦争が未曽有の戦死者を出した内戦だったからこそ、戦争に対する評価が国民の間で定まらず、戦後処理の評価についても同様であったのだ。

この内戦の記憶のされ方の複雑さは、呼称の多さに現れている。最もよく使われる「内戦(the Civil War)」は、戦前・戦中から使用されて定着しているが、戦後南部で使われ始めた「州間戦争(the War Between the States)」は二〇世紀以降、広まり定着した(戦中に南部連合が使った文書もある)。他にも、「反逆戦争(the War of the Rebellion)」(連邦軍側の呼称)、「南部独立戦争(the War for Southern Independence)」(南軍側の呼称)、「北部侵略戦争(the War of Northern Aggression)」(「失われた大義」を唱える南部人がよく用いる)などがある。

南部社会における戦争の記憶――「失われた大義」論

第三章で論じたように、たしかに再建政治は、共和党急進派主導のラディカルな戦後改革が瓦解し、共和党が人種平等の理念の旗を降ろして、南部社会に人種差別主義が復活するのを黙認したことで、南北の政治的妥協、和解が達成されたようにもみえる。

しかし、南北戦争では、南軍・北軍双方の兵士三二六万人が殺し殺される戦場に投げ込まれ、六〇万人以上が戦死したことを軽視してはならない。この怨嗟こそが、南北分断の溝となり、南北和解を困難にした最大の要因となった。共和党系メディアは「血染めのシャツ」を振り、民主党員を「裏切り者」「非愛国的」と貶め、「戦後」の再統一された国家の愛国主義の担い手としては相応しくないと見なして排除した。

それゆえに、南部では戦時中の南部の立場を正当化する「失われた大義」論が必要となったのだ。南部では終戦直後、白人女性が中心になって南軍戦没者の追悼式や記念碑作りが行われた。再建期には旧奴隷主階級を含めエリート男性が表立って活動できなかったからである。だが、ポスト再建期になると、「失われた大義」運動を旧南軍退役軍人が担うようになり、再建期に南部の愛国主義を担った解放黒人と女性たちは公式行事から外されていく。南部退役軍人連合が設立され、南北の旧兵士合同の記念式典がローカルなレベルで開催されるようになったのはこの頃である。第一章の扉図版に典型的な、奴隷制プランテーションをノスタルジックに回顧する文学が流行したのもこの時代であった。

第三章でふれたように、北部ではこの頃、米国陸軍軍人会を中心に退役軍人たちが存在感を増しており、軍事的な男らしさを賛美する戦争物の書籍がブームとなっていた。小説では、北部白人男性と南部白人女性の恋愛をテーマにした小説や演劇が増え、これが南北の和解、北部主導の国民再統合を後押ししたとされる。

こうしたお膳立ての中、米西戦争が、それまで連邦軍への正式参加が認められてこなかった旧南軍将校に戦争参加の機会を与えたことで、南北旧軍人の和解が急速に進み、彼らが帝国建設という男性的なプロジェクトに邁進することになったことはすでに第四章に書いたとおりである。

戦後五〇年——南北兵士の和解と『国民の創生』

南北の退役軍人を記憶の担い手にした和解の語りがこうして支配的になる中、一九一三年に開催されたゲティスバーグの戦いと奴隷解放宣言五〇周年の記念式典で、南北の退役軍人の和解セレモニーが大々的にとり行われることになった。

南北の退役兵がお互いを「兄弟」と呼び、南北戦争の成果である黒人奴隷解放の歴史的意義を矮小化し、戦争の記憶のなかから「人種問題」を消去した。この記念式典において、ウィルソン大統領は、ブルー(北軍)とグレー(南軍)の軍服を着た老兵のまえで、この半世紀を「平和、団結、活力、そして偉大な国家の成熟と力」の時代として総括し、南軍・北軍兵士は「もはや敵ではなく、兄弟であり、寛大な友人」であり、「戦闘は遠い過去のもので、喧嘩は忘れ去られた」とし、逆に記憶されるべきは、「兵士たちのすばらしい勇気と男らしい(国家への)献身」であるとした。

折しも北部では、「アメリカ革命の娘たち」など愛国主義団体が次々と設立された時期である。公立学校教育では、一八九二年にフランシス・ベラミーが起草した「忠誠の誓い(Pledge of Allegiance to the Flag of the United States of America)」を、全米の児童が右手を左胸の上に置き、星条旗に顔を向け、起立して暗唱するのが、習慣となった。「私はわが国旗と、それが象徴する万民のための自由と正義をそなえた分かつことの出来ない一つの国家である共和国に、忠誠を誓います」と。

南部ではジム・クロウ体制が確立するこの二〇世紀転換期以降、南軍旗をデザインに取り入れた新しい州旗が南部各州で採用され始める。また、南部連合関連の記念碑や彫像(ロバート・リー将軍やトマス・ストーンウォール・ジャクソン将軍など)の設置ブームが到来したのもこの時期である。南部貧困法律センターの調べによると、現在も、南部連合関連の記念碑や彫像は七一八体(その約半数はジョージア、ヴァージニア、ノースカロライナに設置)、南部連合にちなんだ名前の公立学校が一〇九校、米軍基地が一〇存在するらしい。南部連合の記念碑は、南北戦争直後は資金不足のためほとんど建造されなかったが、数十年たったジム・クロウ時代に第一次ブームが到来し、公共空間に記念碑が次々と設置された。

また、南部出身のD・W・グリフィス監督が映画『国民の創生』を世に出し、南北戦争を白人同士の兄弟喧嘩に読み替えたのも、まさに同じ時代の一九一五年であった。グリフィスは、黒人男性による南部白人女性の強姦の恐怖と、これに対するＫＫＫによる騎士道的制裁の物語として、南北戦争と再建の時代を描き直し、合衆国が白人共和国として新たに「創生」されたという建国神話を圧倒的な映像の力で広めたのである。

歴史学においても、二〇世紀初頭から、ダニング学派が共和党急進派の政治に否定的な評価を与え、急進派の党派的エゴと独善を批判し、黒人蔑視の歴史観を作り上げた。また、一九三〇年代には革新主義学派が、共和党急進派は北部資本の利益代弁者に過ぎず、南部を政治的に従属させるために黒人の政治的権利を利用したに過ぎないと論じた。

こうした人種隔離《セグリゲーション》の時代の歴史学に対し、一九六〇年代の市民権運動（Civil Rights Movement）を経て、根本的な歴史像の転換を求める声が登場してくることになる。その代表的な研究がエリック・フォーナーの『再建――未完の革命』（一九八八年）であり、奴隷解放を達成し社会革命を目指した共和党急進派の政治を正当に評価し、運動がなぜ未完に終わったのかを問うたのだった。

図 5–1　ゲティスバーグの戦い 50 周年式典．南北退役軍人の和解（1913 年）

終わらない南北戦争――戦後一〇〇年と市民権運動

アメリカ社会は第一次世界大戦や第二次世界大戦の「戦後」を経験しても、その中に南北戦争の記憶を埋没させることはなかった。

第二次世界大戦後には、連邦政府が南部諸州の人種問題に干渉することに反対する州権民主党員《ディキシークラット》が、選挙運動で南軍旗を利用し始めた。連邦主導の人種差別撤廃の動きや南部における市民権運動の展開は第三巻に譲ることにするが、この時期、南軍旗は、人種統合に抵抗するためのシンボルとして米軍基地に持ち込まれるようになった。市民権運動への抵抗運動でも頻繁に使われ、KKKもシンボル利用を開始した。また、全米で市民権運動が展開した時期に、その反動から第二の南部連合関連の記念碑作成ブームが到来した。

だが、黒人たちの市民権運動により、ケネディ大統領が包括的な市民権法の制定を要請する頃になると、南北戦争の記憶は、一〇〇年前の奴隷解放の意義を強調する解放の語りを前景化していく。

奴隷解放宣言から一〇〇年後の一九六三年、二〇万を超える参加者を集めて開催されたワシントン大行進において、マーティン・ルーサー・キング・ジュニアは、リンカンの彫像の鎮座する石段から、次のように呼びかけた。

今から一〇〇年前、ある偉大なアメリカ人が奴隷解放宣言に署名しました。今われわれは、その人を象徴する坐像の前にたっています。この重大な布告は、容赦ない不自由の炎に焼かれた何百万もの黒人奴隷たちには、大きな希望の光明であった。それは囚われの身にあった彼らの長い夜に終止符を打つ、喜びに満ちた夜明けとなりました。ところが、一〇〇年経った今日、黒人たちはいまだ自由ではないのです。一〇〇年経っても悲しいことに、黒人の暮らしは人種隔離の手枷と人種差別の鎖でがんじがらめにされたままなのです。一〇〇年経っても黒人は、物質的繁栄という広大な海の真っ只中に浮かぶ、貧困という名の孤島に住んでいるのです。一〇〇年経っても黒人は、アメリカ社会の片隅に追いやられ、自国にいながら、まるで亡命者のような生活を送っているのです。そこで私たちは今日、この恥ずべき状況を劇的に訴えるために、ここに集まったのです。

ケネディ大統領は、同年一一月二二日に暗殺者の凶弾に倒れたものの、ジョンソン政権下の翌年七月に市民権法は成立した。

南北戦争の記憶をめぐる現代アメリカの戦い――「ヘイト」の時代の南軍旗

ポスト市民権運動の時代、とりわけ一九八〇年代になると、公的空間に掲揚される南軍旗が、

図5-2　2017年8月12日，ヴァージニア州シャーロッツビルの市議会が南軍の英雄リー将軍像の撤去を決めたことをきっかけに，白人至上主義者らが大規模な集会を開いた．これに抗議する人々に車が突っ込み，1人死亡，十数人が怪我を負った

市民権改革後に残存するレイシズムの象徴とみなされるようになり、その撤去を求める運動が始まった。しかし、擁護派は、南軍旗とは南部地域の誇り、「失われた大義」の象徴であり、奴隷制やレイシズムとは切り離されていると反論した。

　だが、二〇一五年の南北戦争終戦一五〇周年の祝典からまもなくして起こった、サウスカロライナ州チャールストンでの銃乱射事件が、今日に続く南部連合関連の記念碑や南軍旗撤去運動の発火点となるのである。

　事の発端は、六月一七日、白人至上主義者の青年がアフリカン・メソディスト監督教会を襲撃し、九名のアフリカ系アメリカ人の信徒を殺害した憎悪犯罪《ヘイトクライム》であった。事件後発見された犯人の白人青年のウェブサイトには、銃を手に南部連合旗を持ってポーズを取る写真があった。

　これまで南軍旗の使用を「失われた大義」のシンボルとして許容してきた南部人の多くも、この事件をきっかけに南軍旗がいまや白人至上主義者のシンボルと化してしまったことを認識した。サウスカロライナ州知事のニッキー・ヘイリー（トランプ政権下で国連大使）は州議会議事堂前の南軍旗の撤去を提案、州議会での承認を経て、七月一〇日に正式に撤去されるに至った。それ以降、南部各州の地方自治体がこれに倣い、シンボル撤去の動きが広まったのである。二〇一六年大統領選で、南部のトランプ支持者の多くが南軍旗を掲げたのは、トランプの白人至上主義的政治信条への賛同の意思表示でもあった。

トランプ政権発足後、ヘイトクライムは急増しアメリカ社会の分断が深まる中、このシンボル撤去をめぐる騒動は続いた。オルトライトと呼ばれる新たな白人至上主義者が、南部における彫像撤去反対運動を本格化したこともその背景にあった。

とりわけ、ヴァージニア州シャーロッツビルにおけるロバート・リー将軍の彫像撤去をめぐる争いが、二〇一七年八月一二日、悲劇を引き起こした。前夜から白人至上主義者が集まり始め、「移民反対、多文化主義反対」などとスローガンを叫びながら、ヴァージニア大学構内でナチスを彷彿とさせる松明行進を行った。翌日には、ナチス旗や南軍旗を持った参加者がさらに増え、過去最大規模の白人至上主義者の集会となり、主催者のリチャード・スペンサーは「白人の市民権運動の始まりだ」と宣言した。

彫像のある公園では、オルトライトの集団とそれに抗議する集団との間で激しい衝突が起きた。また公園近くの道路に集まっていた抗議集団に、白人至上主義者の運転する車が突入し、女性一人が死亡、一九人が重軽傷を負う結果となった。

この事件を受け、現在、アメリカでは彫像や記念碑撤去の第二波が起きている。アラバマ州など南部のいくつかの州では、公有地に設置されている歴史的モニュメントの撤去を禁じる法案を可決するなどして対抗措置を講じ、いまもアメリカでは南北戦争の記憶をめぐる争いが進行形だ。

トマス・ジャクソン将軍の子孫は、「〔南部連合に関わる〕像が存在することで、人種差別主義者に主張の拠り所を与えてしまうことがわかった」として、ヴァージニア州議会議事堂にある将軍像の撤去に同意した。

トランプ大統領は、リベラル派が、奴隷所有者だったという理由で初代ワシントン大統領や第三代ジェファソン大統領の記念碑撤去を要求し出すのは時間の問題だと、人種差別の問題と切り離して論点をずらし、撤去運動の鎮静化に躍起になっている。

かくして、一九世紀の「南北戦争の時代」は、アメリカ社会の今とつながっている。アメリカ史は建国来、南北戦争に向けて流れ、南北戦争からすべてが流れ出しているのだ。

あとがき

一年のうちに二冊の岩波新書を刊行するという、「荒行」が終わろうとしている。執筆にあけくれた日々は、大学では評議員、二つの学会で副会長職という、これまでの教員生活の中でも一番忙しい時期だった。

岩波新書編集部の杉田守康さんが新書執筆の話をもってきてくださったのは、二〇一六年の夏。アメリカ移民史をテーマにした本は以前から書きたいと思っていたので、喜んでお引き受けすることにした。執筆にあたっては、ヨーロッパ系移民中心の「移民国家アメリカ」の神話的自画像を突き崩し、黒人奴隷を含むグローバルな人流のなかで「移民」史を書き直すこと、また日本や中国などアジア系移民の歴史経験に光をあてて、それが歴史の教訓としてアメリカ社会にいかに活かされているのかを日本の読者に伝えることを目標に掲げた。

そうして、昨年一〇月に完成したのが一冊目の『移民国家アメリカの歴史』である。トランプ政権発足後、移民国家アメリカを揺るがす大統領令が乱発されたこともあり、期せずしてタイムリーな刊行となった。

アメリカ研究を志した頃から、いつかは斎藤眞先生の『アメリカとは何か』(平凡社ライブラリー、一九九五年)や本田創造先生の『アメリカ黒人の歴史　新版』(岩波新書、一九九一年)のような一般読者にもアメリカ史像のエッセンスを伝えることのできる本を書きたいと思っていた。この新書で挑戦した、「アジアからアメリカ移民史を問い直す」という歴史的視座が意義あるものとなったのかの判断は読者に委ねるしかない。だが著者としては、私にしか書けないアメリカ移民史を書き終えて、何か果たすべき責務を自分なりに果たしたという満足感がある。

さて、上記本と同時並行で企画が立ちあがったのが、シリーズ『アメリカ合衆国史』であった。岩波新書ではこれまでにも、シリーズ『日本近現代史』(全一〇巻)やシリーズ『中国近現代史』(全六巻)などが刊行されてきた。そのアメリカ合衆国史版を作ろうというありがたいお話をいただき、執筆者四人で次の大統領選までには刊行しようと各巻の執筆をスタートさせた。類書で、アメリカ史通史シリーズというと、約三〇年前に刊行された講談社現代新書の三巻本シリーズがあるのみで、冷戦終結後、二一世紀アメリカの混迷までをカバーしたものはない。アメリカ史は、九〇年代以降、例外主義的な一国史の枠組みが大きく書き直されつつあり、これらの最新の研究成果を踏まえた通史を描くことには意義があったと言えるだろう。

だが、正直に言うと、通史の歴史叙述は、簡単そうに見えてとても難しかった。第二巻の扱う一九世紀をおよそ一〇万字にまとめるのは至難の業だった。どの出来事を取りあげ、どの出来事を取りあげないことにするのか。その取捨選択の作業は苦渋の連続となった。ただ、前者でも強調した、「奴隷国家」から移行し、一九世紀に「移民国家アメリカ」が形成されていくという歴史叙述の試みと、本シリーズを貫くテーマである「アメリカの統合と分断」の淵源の一つとして、南北戦争という未曽有の内戦がいかに重要であったのかは、十分に理解してもらえる記述となったのではないかと思う。

今年の春休み、私はワシントンで史料調査をしながら、最後の原稿の仕上げをしていた。いままで市内の銅像を注意して見ることはなかったのだが、ワシントンにはいまも南北戦争関連の記念碑、銅像がいたるところに残っている。少し足を延ばせば、ゲティスバーグやリッチモンド、シャーロッツビルなど、本巻に登場した南北戦争ゆかりの場所を訪れることができるので、この新書を片手に歴史散歩にでてみるのも楽しいだろう。

最後になったが、シリーズ『アメリカ合衆国史』四巻本の構想を固める編集会議から各巻の刊行まで、編集長の永沼浩一さんをはじめ、岩波新書編集部の方々のお世話になった。第二巻の刊行にあたっては、飯田建さんに伴走していただき、『移民国家アメリカの歴史』に引き続いて、杉田守康さんに助けていただいた。心より感謝申し上げたい。

二〇一九年五月二三日

貴堂嘉之

岩波新書新赤版一〇〇〇点に際して

ひとつの時代が終わったと言われて久しい。だが、その先にいかなる時代を展望するのか、私たちはその輪郭すら描きえていない。二〇世紀から持ち越した課題の多くは、未だ解決の緒を見つけることのできないままであり、二一世紀が新たに招きよせた問題も少なくない。グローバル資本主義の浸透、憎悪の連鎖、暴力の応酬――世界は混沌として深い不安の只中にある。

現代社会においては変化が常態となり、速さと新しさに絶対的な価値が与えられた。消費社会の深化と情報技術の革命は、種々の境界を無くし、人々の生活やコミュニケーションの様式を根底から変容させてきた。ライフスタイルは多様化し、一面では個人の生き方をそれぞれが選びとる時代が始まっている。同時に、新たな格差が生まれ、様々な次元での亀裂や分断が深まっている。社会や歴史に対する意識が揺らぎ、普遍的な理念に対する根本的な懐疑や、現実を変えることへの無力感がひそかに根を張りつつある。そして生きることに誰もが困難を覚える時代が到来している。

しかし、日常生活のそれぞれの場で、自由と民主主義を獲得し実践することを通じて、私たち自身がそうした閉塞を乗り超え、希望の時代の幕開けを告げてゆくことは不可能ではあるまい。そのために、いま求められていること――それは、個と個の間で開かれた対話を積み重ねながら、人間らしく生きることの条件について一人ひとりが粘り強く思考することではないか。その営みの糧となるものが、教養に外ならないと私たちは考える。歴史とは何か、よく生きるとはいかなることか、世界そして人間はどこへ向かうべきなのか――こうした根源的な問いとの格闘が、文化と知の厚みを作り出し、個人と社会を支える基盤としての教養となった。まさにそのような教養への道案内こそ、岩波新書が創刊以来、追求してきたことである。

岩波新書は、日中戦争下の一九三八年一一月に赤版として創刊された。創刊の辞は、道義の精神に則らない日本の行動を憂慮し、批判的精神と良心的行動の欠如を戒めつつ、現代人の現代的教養を刊行の目的とする、と謳っている。以後、青版、黄版、新赤版と装いを改めながら、合計二五〇〇点余りを世に問うてきた。そして、いままた新赤版が一〇〇〇点を迎えたのを機に、人間の理性と良心への信頼を再確認し、それに裏打ちされた文化を培っていく決意を込めて、新しい装丁のもとに再出発したいと思う。一冊一冊から吹き出す新風が一人でも多くの読者の許に届くこと、そして希望ある時代への想像力を豊かにかき立てることを切に願う。

（二〇〇六年四月）

貴堂嘉之

1966年，東京都生まれ．1994年，東京大学大学院総合文化研究科博士課程中退
現在―一橋大学大学院社会学研究科教授
専攻―アメリカ合衆国史，人種・エスニシティ・ジェンダー研究，移民研究
著書―『アメリカ合衆国と中国人移民――歴史のなかの「移民国家」アメリカ』(名古屋大学出版会)
『移民国家アメリカの歴史』(岩波新書)
『アメリカ史研究入門』(共著，山川出版社)
『「ヘイト」の時代のアメリカ史――人種・民族・国籍を考える』『〈近代規範〉の社会史――都市・身体・国家』(以上，共編著，彩流社)
『大学で学ぶアメリカ史』(共著，ミネルヴァ書房)
ロバート・G. リー『オリエンタルズ――大衆文化のなかのアジア系アメリカ人』(訳，岩波書店) ほか

南北戦争の時代 19世紀
シリーズ アメリカ合衆国史② 岩波新書(新赤版)1771

2019年7月19日 第1刷発行
2024年11月25日 第6刷発行

著 者 貴堂嘉之《きどうよしゆき》

発行者 坂本政謙

発行所 株式会社 岩波書店
〒101-8002 東京都千代田区一ツ橋2-5-5
案内 03-5210-4000 営業部 03-5210-4111
https://www.iwanami.co.jp/

新書編集部 03-5210-4054
https://www.iwanami.co.jp/sin/

印刷・理想社 カバー・半七印刷 製本・中永製本

ISBN 978-4-00-431771-5 Printed in Japan

索　引

ア　行

カ　行

サ　行

タ　行

ナ　行

ハ　行

マ　行

ヤ・ラ・ワ行

略 年 表

右側に太字で示したのは，その年に就任したアメリカ合衆国大統領．
(民)は民主党，(共)は共和党，(ホ)はホイッグ党であることを示す

1816	12 大統領選．
1817	**⑤ J. モンロー**(共和派)
1818	4 第一次セミノール戦争，ジャクソン，フロリダに侵攻．
1819	2 スペインからフロリダを買収．
1820	3 ミズーリ妥協．12 大統領選でモンロー再選．
1821	6 コロンビア共和国を承認．
1823	1 チリとアルゼンチンの独立承認．5 ブラジルの独立承認．12 モンロー，年次教書にてモンロー主義を表明．
1824	3 ヘンリー・クレイ，「アメリカ体制」を提唱．12 大統領選．
1825	10 エリー運河開通． **⑥ J. Q. アダムズ**(共和派)
1828	5 1828年関税法成立．12 大統領選．
1829	**⑦ A. ジャクソン**(民)
1830	5 ボルティモア・オハイオ鉄道開通．インディアン強制移住法制定．
1832	5 デモクラティック・リパブリカン党(共和派)，民主党に党名変更．7 ジャクソン，第二合衆国銀行の特許更新を拒否．11 サウスカロライナ州，合衆国関税法の適用を拒否．12 大統領選でジャクソン再選．
1834	4 ナショナル・リパブリカン党，ホイッグ党に党名変更．
1835	トクヴィル，『アメリカのデモクラシー』を刊行．
1836	2 アラモ砦の攻防戦(～3)．3 テキサス共和国，独立を宣言．綿価格暴落，経済不況．12 大統領選．
1837	3 テキサス共和国を承認． **⑧ M. ヴァンビューレン**(民)
1838	チェロキー族，インディアン領地への強制移住．
1839	11 奴隷制反対を唱える自由党，結成．
1840	12 大統領選．
1841	4 ハリソン死去，副大統領のタイラーが大統領に昇格．9 公有地先買権法成立． **⑨ W. H. ハリソン**(ホ) **⑩ J. タイラー**(ホ)
1842	4 ロードアイランド州でドーアの反乱(～5)．
1844	7 米清間で望厦条約締結．11 大統領選．
1845	3 メキシコ，米と国交断絶．7 オサリヴァン，アメリカの膨張を「明白な運命」と主張．12 テキサス併合．フレデリック・ダグラス，自伝を刊行． **⑪ J. ポーク**(民)

1846	4 アメリカ・メキシコ戦争勃発(〜48.2)．6 条約によりイギリスとオレゴンを分割．8 ウィルモット条項が下院で提案．
1847	9 アメリカ軍，メキシコシティを占領．
1848	2 グアダルーペ・イダルゴ条約締結．7 セネカフォールズの集会．8 自由土地党，ニューヨーク州バッファローで党大会．11 大統領選．
1849	カリフォルニアでゴールド・ラッシュがおこる．⑫ Z. テイラー(ホ)
1850	7 テイラー死去．9 1850 年の妥協．⑬ M. フィルモア(ホ)
1851	8 南部膨張主義者のキューバ干渉失敗．
1852	12 大統領選．ハリエット・ストウ，『アンクル・トムの小屋』を刊行．
1853	7 ペリー艦隊，浦賀来航．12 メキシコからガズデン地方を購入．⑭ F. ピアス(民)
1854	3 日米和親条約調印．5 カンザス・ネブラスカ法制定．7 共和党誕生．ノーナッシング党が勢力拡大．
1856	5 流血のカンザス事件．11 大統領選．
1857	3 ドレッド・スコット判決．⑮ J. ブキャナン(民)
1858	7 日米修好通商条約調印．8 リンカン＝ダグラス論争．
1859	10 ジョン・ブラウン，ハーパーズ・フェリーの武器庫襲撃．
1860	11 大統領選．12 サウスカロライナ州，連邦脱退．
1861	南部諸州が連邦脱退(〜2)．4 南北戦争勃発(〜65.4)．7 ブルランの戦いで南部連合勝利．⑯ A. リンカン(共)
1862	4 南部連合，徴兵制を実施．5 ホームステッド法制定．7 第二次没収法制定．9 奴隷解放予備宣言．
1863	1 奴隷解放宣言．3 連邦議会，連邦徴兵法制定．7 ゲティスバーグの戦い．ニューヨークにて徴兵暴動．11 リンカンのゲティスバーグ演説．
1864	6 逃亡奴隷法廃止．9 アトランタ陥落．11 大統領選でリンカン再選．
1865	3 解放民局設置．4 南軍リー将軍降伏，南北戦争終結．リンカン，狙撃され翌日死去．12 憲法修正第 13 条発効．第一次スー戦争(〜67)．⑰ A. ジョンソン(民〈ユニオニスト〉)
1866	4 市民権法成立．5 クー・クラックス・クラン結成．南部でシェア・クロッピング制度開始．
1867	3 第一次再建法可決，南部を 5 つの軍管区に分割し軍政．10 ロシアからアラスカを購入．12 農業共済組合(グレンジ)設立．ホレイショ・アルジャー，『ぼろ着のディック』を刊行．

1868 3 ジョンソンの弾劾裁判(～5). 7 憲法修正第14条発効. 11 大統領選.
1869 5 大陸横断鉄道開通. 全国女性参政権協会とアメリカ女性参政権協会設立. 12 労働騎士団結成. ⑱ U. グラント(共)
1870 1 ロックフェラー, スタンダード石油会社を設立. 3 憲法修正第15条発効. 7 1870年の関税法成立.
1871 10 ツイード汚職事件.
1872 3 イエローストーン, 世界初の国立公園に指定. 5 南部旧指導者に対する大赦令. 9 クレディ・モビリエ事件. 11 大統領選でグラント再選.
1873 全国的な不況(～76). 2 貨幣鋳造法制定(銀貨鋳造停止). 3 コムストック法制定. マーク・トウェインほか,『金ぴか時代』を刊行.
1874 12 女性キリスト教禁酒同盟(WCTU)結成. グリーンバック党結成.
1875 1 ハワイと互恵通商条約締結. 3 包括的な市民権法成立. 第二次スー戦争(～76).
1876 5 フィラデルフィア万国博覧会開催(～11). 6 リトル・ビッグホーンの戦い. ベル, 電話を発明.
1877 3 大統領選審査の結果, ヘイズ当選. 4 連邦軍, 南部から引き上げ完了, 再建政策の終結. ⑲ R. ヘイズ(共)
1879 ヘンリー・ジョージ,『進歩と貧困』を刊行. エジソン, 白熱電球を発明.
1880 11 大統領選. 米清間でエンジェル条約締結.
1881 7 ガーフィールド, 狙撃され負傷(9 死去). 9 副大統領のアーサーが大統領に昇格. 12 サザン・パシフィック鉄道, エルパソまで完成. ヘレン・ハント・ジャクソン,『恥ずべき1世紀』を刊行. ⑳ J. A. ガーフィールド(共) ㉑ C. アーサー(共)
1882 1 スタンダード石油, トラストを組織. 5 排華移民法制定. 8 犯罪者, 浮浪者, 精神障害者の入国を禁じる最初の一般移民法制定.
1883 1 ペンドルトン公務員法制定. 9 ノーザン・パシフィック鉄道完成.『レディース・ホーム・ジャーナル』創刊. 9 1875年市民権法違憲判決.
1884 11 大統領選.
1885 2 契約労働者入国禁止法制定. ㉒ G. クリーヴランド(民)
1886 5 ヘイマーケット事件. 9 ジェロニモ逮捕でアパッチ戦争終結. 12 アメリカ労働総同盟結成.

1887	2 州際通商法，ドーズ法制定．
1888	11 大統領選．エドワード・ベラミー，『顧みれば』を刊行．
1889	10 第1回パン・アメリカ会議開催．ジェイン・アダムズ，「ハル・ハウス」を設立．アンドリュー・カーネギー，「富の福音」を提唱．　㉓ B. ハリソン(共)
1890	5 全米女性参政権協会結成．7 シャーマン反トラスト法制定．11 ミシシッピ・プラン(黒人選挙権の剝奪)．12 ウンデッド・ニーの虐殺．国勢調査局，フロンティアの消滅を発表．ジェイコブ・リース，『他の半分の人々はどのように生活しているか』を刊行．
1892	2 人民党結成．7 ホームステッド争議(～11)．11 大統領選．
1893	1 ハワイで王制廃止．ヘンリー・フォード，自動車を製作．　㉔ G. クリーヴランド(民)
1894	3「コクシーの軍隊」，ワシントンへ行進(～5)．5 プルマン・ストライキ(～7)．
1895	9 ブッカー・T. ワシントン，アトランタ博覧会で演説．
1896	5 プレッシー対ファーガソン裁判，判決．11 大統領選．
1897	㉕ W. マッキンリー(共)
1898	2 キューバでメイン号爆沈事件．4 米西戦争勃発(～12)．5 ルイジアナ州，州憲法に「祖父条項」を導入．7 ハワイ併合．12 パリ講和条約でフィリピン，プエルトリコ，グアムを領有．反帝国主義連盟結成．
1899	2 米比戦争勃発(～1902.7)．9 ジョン・ヘイ，「門戸開放通牒」を関係国に送付．
1901	9 マッキンリー，暗殺者に狙撃され重体，副大統領のセオドア・ローズヴェルトが大統領に昇格．アメリカ社会党結成．ブッカー・T. ワシントン，自伝を刊行．　㉖ T. ローズヴェルト(共)

主要参考文献

全体に関するもの

荒このみ編『史料で読むアメリカ文化史② 独立から南北戦争まで 1770年代—1850年代』東京大学出版会，2005年

有賀貞・大下尚一・志邨晃佑・平野孝編『世界歴史大系 アメリカ史 1 17世紀～1877年』山川出版社，1994年

有賀貞・大下尚一・志邨晃佑・平野孝編『世界歴史大系 アメリカ史 2 1877～1992年』山川出版社，1993年

上杉忍『アメリカ黒人の歴史——奴隷貿易からオバマ大統領まで』中公新書，2013年

川島正樹編『アメリカニズムと「人種」』名古屋大学出版会，2005年

貴堂嘉之「アメリカ合衆国における「人種混交」幻想——セクシュアリティがつくる「人種」」竹沢泰子編『人種の表象と社会的リアリティ』岩波書店，2009年

貴堂嘉之『アメリカ合衆国と中国人移民——歴史のなかの「移民国家」アメリカ』名古屋大学出版会，2012年

貴堂嘉之『移民国家アメリカの歴史』岩波新書，2018年

紀平英作編『新版世界各国史24 アメリカ史』山川出版社，1999年

S. M. グインター『星条旗——1777-1924』和田光弘ほか訳，名古屋大学出版会，1997年

佐々木隆・大井浩二編『史料で読むアメリカ文化史③ 都市産業社会の到来 1860年代—1910年代』東京大学出版会，2006年

高佐智美『アメリカにおける市民権——歴史に揺らぐ「国籍」概念』勁草書房，2003年

辻内鏡人『アメリカの奴隷制と自由主義』東京大学出版会，1997年

イアン・ティレル『トランスナショナル・ネーション——アメリカ合衆国の歴史』藤本茂生ほか訳，明石書店，2010年

エレン・キャロル・デュボイス／リン・デュメニル『女性の目からみたアメリカ史』石井紀子ほか訳，明石書店，2009年

トクヴィル『アメリカのデモクラシー』第1巻上・下，松本礼二訳，岩波文庫，2005年

トクヴィル『アメリカのデモクラシー』第2巻上・下，松本礼二訳，岩波文庫，2008年

メアリー・ベス・ノートンほか『アメリカの歴史2 合衆国の発展 18

世紀末—19 世紀前半』白井洋子ほか訳，三省堂，1996 年
メアリー・ベス・ノートンほか『アメリカの歴史 3　南北戦争から 20 世紀へ 19 世紀後半—20 世紀』上杉忍ほか訳，三省堂，1996 年
メアリー・ベス・ノートンほか『アメリカの歴史 4　アメリカ社会と第一次世界大戦 19 世紀末—20 世紀』上杉忍ほか訳，三省堂，1996 年
野村達朗『大陸国家アメリカの展開』山川出版社，1996 年
エリック・フォーナー『アメリカ自由の物語——植民地時代から現代まで』上，横山良ほか訳，岩波書店，2008 年
古矢旬『アメリカニズム——「普遍国家」のナショナリズム』東京大学出版会，2002 年
本田創造編『アメリカ社会史の世界』三省堂，1989 年
本田創造『アメリカ黒人の歴史 新版』岩波新書，1991 年
A. R. ミレット／P. マスロウスキー『アメリカ社会と戦争の歴史——連邦防衛のために』防衛大学校戦争史研究会訳，彩流社，2011 年
ルイ・メナンド『メタフィジカル・クラブ——米国 100 年の精神史』野口良平ほか訳，みすず書房，2011 年
和田光弘編著『大学で学ぶアメリカ史』ミネルヴァ書房，2014 年
Eric Foner, *Give Me Liberty! An American History*, Vol.1: To 1877, 3rd ed., W. W. Norton, 2005.
Jonathan Daniel Wells (ed.) *The Routledge History of Nineteenth-Century America* (Routledge, 2017)

はじめに

久米邦武編『特命全権大使 米欧回覧実記』第 1 巻，岩波書店，1985 年
佐伯彰一『外から見た近代日本』講談社学術文庫，1984 年
レオ・ダムロッシュ『トクヴィルが見たアメリカ——現代デモクラシーの誕生』永井大輔・髙山裕二訳，白水社，2012 年
『マルクス＝エンゲルス全集』第 16 巻：1864–1870，大内兵衛・細川嘉六監訳，大月書店，1966 年
Robin Blackburn, *An Unfinished Revolution: Karl Marx and Abraham Lincoln*, Verso, 2011.

第 1 章

ジョナサン・アール『地図でみるアフリカ系アメリカ人の歴史——大西洋奴隷貿易から 20 世紀まで』古川哲史・朴珣英訳，明石書店，

2011 年
池本幸三ほか『近代世界と奴隷制——大西洋システムの中で』人文書院，1995 年
井野瀬久美恵『大英帝国という経験』講談社，2007 年
エリック・ウィリアムズ『資本主義と奴隷制——経済史から見た黒人奴隷制の発生と崩壊』山本伸監訳，明石書店，2004 年
ショーン・ウィレンツ『民衆支配の讃歌——ニューヨーク市とアメリカ労働者階級の形成 1788～1850』上・下，安武秀岳監訳，木鐸社，2001 年
デイヴィッド・エルティス／デイヴィッド・リチャードソン『環大西洋奴隷貿易歴史地図』増井志津代訳，東洋書林，2012 年
岡田泰男『フロンティアと開拓者——アメリカ西漸運動の研究』東京大学出版会，1994 年
ブルース・カミングス『アメリカ西漸史——《明白なる運命》とその未来』渡辺将人訳，東洋書林，2013 年
貴堂嘉之「サンフランシスコ——西部開拓・帝国都市・近代」羽田正編『地域史と世界史』ミネルヴァ書房，2016 年
佐久間亜紀『アメリカ教師教育史——教職の女性化と専門職化の相克』東京大学出版会，2017 年
フレデリック・ダグラス『数奇なる奴隷の半生——フレデリック・ダグラス自伝』岡田誠一訳，法政大学出版局，1993 年
田中きく代『南北戦争期の政治文化と移民——エスニシティが語る政党再編成と救貧』明石書店，2000 年
トクヴィル『合衆国滞在記』大津真作訳，京都大学学術出版会，2018 年
中嶋啓雄『モンロー・ドクトリンとアメリカ外交の基盤』ミネルヴァ書房，2002 年
西崎文子『アメリカ外交とは何か——歴史の中の自画像』岩波新書，2004 年
野村達朗『アメリカ労働民衆の歴史——働く人びとの物語』ミネルヴァ書房，2013 年
アイラ・バーリン『アメリカの奴隷制と黒人——五世代にわたる捕囚の歴史』落合明子ほか訳，明石書店，2007 年
宮本正興・松田素二編『新書アフリカ史 改訂新版』講談社現代新書，2018 年
安武秀岳「アメリカ合衆国憲法体制の展開——奴隷主国家の出現」『北海学園大学人文論集』36，2007 年

安武秀岳『自由の帝国と奴隷制——建国から南北戦争まで』ミネルヴァ書房，2011 年
山岸義夫『アメリカ膨張主義の展開——マニフェスト・デスティニーと大陸帝国』勁草書房，1995 年
Gretchen Murphy, *Hemispheric Imaginings: The Monroe Doctrine and Narratives of U. S. Empire*, Duke University Press, 2005.

第 2 章

ゲリー・ウィルズ『リンカーンの三分間——ゲティズバーグ演説の謎』北沢栄訳，共同通信社，1995 年
上杉忍『ハリエット・タブマン——「モーゼ」と呼ばれた黒人女性』新曜社，2019 年
ドリス・カーンズ・グッドウィン『リンカン』上・下，平岡緑訳，中央公論新社，2011 年
高野フミ編『『アンクル・トムの小屋』を読む——反奴隷制小説の多様性と文化的衝撃』彩流社，2007 年
長田豊臣『南北戦争と国家』東京大学出版会，1992 年
エリック・フォーナー『業火の試練——エイブラハム・リンカンとアメリカ奴隷制』森本奈理訳，白水社，2013 年
布施将夫『補給戦と合衆国』松籟社，2014 年
松本昇ほか編『ジョン・ブラウンの屍を越えて——南北戦争とその時代』金星堂，2016 年
『リンカーン演説集』高木八尺・斎藤光訳，岩波文庫，1957 年
Eric Foner, *Free Soil, Free Labor, Free Men: The Ideology of the Republican Party before the Civil War*, Oxford University Press, 1970.

第 3 章

ナンシー・アイゼンバーグ『ホワイト・トラッシュ——アメリカ低層白人の四百年史』渡辺将人監訳，東洋書林，2018 年
五十嵐武士「アメリカ型「国家」の形成——その予備的な考察」『日本政治学会年報政治学(18 世紀の革命と近代国家の形成)』1990 年
大井浩二『アメリカのジャンヌ・ダルクたち——南北戦争とジェンダー』英宝社，2005 年
大森一輝『アフリカ系アメリカ人という困難——奴隷解放後の黒人知識人と「人種」』彩流社，2014 年
岡山裕『アメリカ二大政党制の確立——再建期における戦後体制の形成と共和党』東京大学出版会，2005 年

貴堂嘉之「「血染めのシャツ」と人種平等の理念――共和党急進派と戦後ジャーナリズム」樋口映美・中條献編『歴史のなかの「アメリカ」――国民化をめぐる語りと創造』彩流社，2006 年
ドルー・ギルピン・ファウスト『戦死とアメリカ――南北戦争 62 万人の死の意味』彩流社，2010 年
Ron Chernow, *Grant*, Head of Zeus, 2017.
Eric Foner, *Reconstruction: America's Unfinished Revolution, 1863–1877*, Harper and Row, 1988.
Stephen Skowronek, *Building a New American State: The Expansion of National Administrative Capacities, 1877–1920*, Cambridge University Press, 1982.

第 4 章

ジェイムズ・Q. ウィットマン『ヒトラーのモデルはアメリカだった――法システムによる「純血の追求」』西川美樹訳，みすず書房，2018 年
ハーバート・G. ガットマン『金ぴか時代のアメリカ』大下尚一ほか訳，平凡社，1986 年
鎌田遵『ネイティブ・アメリカン――先住民社会の現在』岩波新書，2009 年
貴堂嘉之「移民国家アメリカの「国民」管理の技法と「生-権力」」古矢旬・山田史郎編著『シリーズ・アメリカ研究の越境 第 2 巻 権力と暴力』ミネルヴァ書房，2007 年
高橋章『アメリカ帝国主義成立史の研究』名古屋大学出版会，1999 年
『アメリカ古典文庫 9　フレデリック・J・ターナー』研究社，1975 年
常松洋『ヴィクトリアン・アメリカの社会と政治』昭和堂，2006 年
イアン・ティレル／ジェイ・セクストン編著『アメリカ「帝国」の中の反帝国主義――トランスナショナルな視点からの米国史』藤本茂生ほか訳，明石書店，2018 年
ジョン・トーピー『パスポートの発明――監視・シティズンシップ・国家』藤川隆男監訳，法政大学出版局，2008 年
富田虎男『アメリカ・インディアンの歴史』第 3 版，雄山閣，1997 年
中野聡『歴史経験としてのアメリカ帝国――米比関係史の群像』岩波書店，2007 年
水野由美子『〈インディアン〉と〈市民〉のはざまで――合衆国南西部に

おける先住社会の再編過程』名古屋大学出版会，2007年
Erika Lee / Judy Yung, *Angel Island: Immigrant Gateway to America*, Oxford University Press, 2010.

おわりに

大森一輝「白黒で描かれた『国民の創生』――20世紀初頭のアメリカ合衆国における「建国神話」と人種」『歴史学研究』959，2017年
兼子歩「アメリカ南北戦争の記憶の社会文化史的研究――南北戦争後の半世紀をめぐる議論を中心に」『明治大学教養論集』527，2017年
貴堂嘉之「未完の革命と「アメリカ人」の境界――南北戦争の戦後50年論」前掲『アメリカニズムと「人種」』
キャロル・グラック『歴史で考える』梅﨑透訳，岩波書店，2007年
ニナ・シルバー『南北戦争のなかの女と男――愛国心と記憶のジェンダー史』兼子歩訳，岩波書店，2016年
中野耕太郎『20世紀アメリカ国民秩序の形成』名古屋大学出版会，2015年
ジョン・ボドナー『鎮魂と祝祭のアメリカ――歴史の記憶と愛国主義』野村達朗ほか訳，青木書店，1997年
David W. Blight, *Race and Reunion: The Civil War in American Memory*, Harvard University Press, 2002.
John Bodnar (ed.) *Bonds of Affection: Americans Define Their Patriotism*, Princeton University Press, 1996.
Cecilia E. O'leary, *To Die for: The Paradox of American Patriotism*, Princeton University Press, 2000.
Pennsylvania Commission, *Fiftieth Anniversary of the Battle of Gettysburg*, WM. Stanley Ray, 1913.
Barry Schwartz, *Abraham Lincoln and the Forge of National Memory*, University of Chicago Press, 2000.

図表出典一覧

ウェブサイトについては，組織名のみの簡潔な表記にとどめた

巻頭地図……貴堂嘉之『移民国家アメリカの歴史』70 頁をもとに作成.
図 0–1……フランス国立図書館(Bibliothèque nationale de France)
図 0–3……久米美術館編『特命全権大使『米欧回覧実記』銅版画集』久米美術館，1985 年，35 頁.
第 1 章 扉，図 1–3，図 1–4，図 2–2，図 2–5，図 2–10，図 3–1，図 3–2，図 3–4，図 3–9，図 3–10，図 4–7(下)，図 5–1……アメリカ議会図書館(Library of Congress)
図 1–1……Foner, *Give Me Liberty!*, Vol. 1, p. 444 をもとに作成.
図 1–2……『世界歴史大系 アメリカ史』1，315 頁をもとに作成.
図 1–5……Foner, *Give Me Liberty!*, Vol. 1, pp. 341, 436 をもとに作成.
図 1–6……The Abby Aldrich Rockefeller Folk Art Museum, the Colonial Williamsburg Foundation
図 1–7……Foner, *Give Me Liberty!*, Vol. 1, p. 440.
図 1–8……ノートンほか『アメリカの歴史 2 合衆国の発展』344 頁をもとに作成.
図 1–10……Foner, *Give Me Liberty!*, Vol. 1, p. 501 をもとに作成.
図 1–11……Derek Hayes, *Historical Atlas of California with Original Maps*, University of California Press, 2007, p. 91.
図 2–1……ノートンほか『アメリカの歴史 3 南北戦争から 20 世紀へ』51 頁をもとに作成.
表 2–1……『世界歴史大系 アメリカ史』1，395 頁.
図 2–6……Foner, *Give Me Liberty!*, Vol. 1, p. 543 をもとに作成.
図 2–7……『世界歴史大系 アメリカ史』1，402 頁をもとに作成.
図 2–9，図 5–2……Getty Images
表 3–1……退役軍人省(United States Department of Veterans Affairs)(2004 年 9 月発表)をもとに作成.
表 3–2……Theda Skocpol, *Protecting Soldiers and Mothers: The Political Origins of Social Policy in the United States*, Harvard University Press, 1995, p. 109 をもとに作成.
図 3–5……Foner, *Give Me Liberty!*, Vol. 1, p. 621 をもとに作成.
図 4–1……Barry Moreno, *Ellis Island*, Arcadia, 2003, p. 39.

図 4-3……ノートンほか『アメリカの歴史 3 南北戦争から 20 世紀へ』200 頁をもとに作成.
図 4-4……国立公文書館(National Archives)
図 4-6……Eric Foner, *Give Me Liberty! An American History*, Vol. 2: From 1865, Seagull 3rd ed., W. W. Norton, 2005, p. 663 をもとに作成.

作図　前田茂実(巻頭地図, 図 1-1, 図 1-2, 図 1-5, 図 1-8, 図 1-10, 図 2-1, 図 2-7, 図 3-5, 図 4-3, 図 4-6)